品牌商学院修炼手册

程生 朱昭奇 杜召 ◎编著

中国商业出版社

图书在版编目（CIP）数据

品牌商学院修炼手册 / 程生，朱昭奇，杜召编著. -- 北京：中国商业出版社，2019.5
　ISBN 978-7-5208-0640-4

Ⅰ.①品… Ⅱ.①程… ②朱… ③杜… Ⅲ.①品牌—手册 Ⅳ.① F273.2-62

中国版本图书馆 CIP 数据核字 (2019) 第 015956 号

责任编辑：王彦

中国商业出版社出版发行
（100053 北京广安门内报国寺 1 号）
010-61033100　www.c-cbook.com
新华书店经销
廊坊市佳艺印务有限公司印刷

＊＊＊＊

787 毫米 ×1092 毫米　1/16 开　14.5 印张　250 千字
2019 年 5 月第 1 版　2019 年 5 月第 1 次印刷

定价：65.00 元

＊＊＊＊

（如有印装质量问题可换）

前言 | 品牌商学院修炼手册
PREFACE

　　近年来微商发展迅速，受人瞩目，在商业领域越来越受到专业人士的关注与认可。同时众多有志之士也对微商行业的规范发展提出了许多积极的思考与建议，最为大众所认可的观点就是"微商要发展，教育要先行"。没有教育的微商行业是无法持续发展的，野蛮生长时期的很多微商品牌正是不重视教育，因此无法走得长远。

　　赋能微商，教育创变。微商的野蛮生长时期已经过去，伴随着行业大浪淘沙，新微商时代也已经到来！微商形象将会更加阳光化，微商行业发展将会逐步走向规范化，微商品牌教育也终将走向专业化。微商将会走出中国，走向国际，微商行业将迎来新的历史发展机遇！

　　很多洞察趋势的微商团队领导人已开始重新审视自己的培训课程和讲师团队，纷纷开始构建自己的品牌商学院，投资研发自己的培训课程，培养自己的师资队伍，构建自己的教育培训体系。然而，大多数却还是在摸着石头过河，没有专业指导、没有构建教育培训体系的清晰思路和执行计划，根本无法实现教育常态化，更不能系统化讲解自己的产品优势，传播自己的品牌价值，帮助自己的经销商成长。

　　微谷作为微商行业生态系统健康发展的推动者，微商创业群体的赋能者，微商教育行业的布道者，一直致力于解决微商深层次、系统性的行业痛点问题。在服务八百余家微商品牌之后，发现尽管有78%的微商品牌方在形式上搭建了品牌商学院，但真正受益于品牌商学院系统化运营作用的却只有5%。多数微商品牌对构建品牌商学院的理解还处于初级阶段，对微商品牌商学院系统化理念还处于萌芽状态。多数品牌方是有想法没思路，更没有构建商学院系统的专业人才。即使意识到教育的重要性，但却苦于没有培养讲师团队的机制与方法，更不知道如何做品牌全年教育规划和团队个人成长路线规划。

微谷研究院吸取众多行业大咖的智慧，集百位微商教育研究工作者之力，针对当前微商品牌方在线上教育、线下培训、课程体系建设、系统化管理运营等方面存在的困难与不足，编著了这本《品牌商学院修炼手册》，可供微商品牌创始人、商学院院长、团队长等优秀微商创业者学习提升智慧，构建属于自己品牌的商学院系统。

本手册通过商学院十大系统的把控，手把手教你绘制属于品牌自身的微商教育蓝图；通过课程体系的规范构建，系统性指导你研发品牌专属的进阶课程，教会你如何制定执行计划，完美解决经销商各层级的培训链条设计；通过插入大量的微谷培训会务实操流程及图文解说，让线下会务操作有章可循；通过指导打造优质的讲师团队，优化师资架构，动员每一位经销商去实现自己的讲师梦，将自己打造成为一个行业的超级个体。

未来商业充满生机，微商行业蓬勃发展，超级个体会不断涌现，超级品牌也会不断出现，构建微商品牌商学院也将成为打造微商超级教育平台的最佳路径。本书便是给大家提供目前系统、权威的微商品牌商学院全景规划和系统性构建的方法与具体操作流程。

由于编写时间仓促，书中难免会存在不足之处，恳请读者批评指正！

编者
2018年1月

目录 CONTENTS

第 1 章 商学院系统

商学院是一个庞大的系统工程,是一个自上而下的教育系统,更是一个需要团队每一个角色都充分配合,从团队吸收养分而后再反哺的系统。换句话说,只有把教育的重要性让团队领导者们充分重视,配合本章赋予的架构、系统建立方法,形成一套符合品牌自身的落地政策和方案,才能合理规划自己团队未来的教育蓝图,让代理们从中看到成长的机遇和挑战。只有这样,属于自己的教育体系才有赖以生存并且汲取养分的土壤。

1.1 商学院蓝图 / 2
  1.1.1 战略系统 / 2
  1.1.2 定位系统 / 7
  1.1.3 目标系统 / 15
  1.1.4 创新系统 / 22

1.2 商学院组织架构 / 27
  1.2.1 组织分析 / 27
  1.2.2 架构设计 / 28

1.3 定岗定责定人 / 31
  1.3.1 三微系统 / 32
  1.3.2 人资系统 / 35
  1.3.3 管理系统 / 36

1.4 全程检视 / 41
  1.4.1 绩效系统 / 41
  1.4.2 晋升系统 / 42
  1.4.3 检视系统 / 45

第 2 章　规范课程体系

目前，有很多微商品牌方存在没有自己的培训体系或是培训体系不完整的问题。很多微商团队长或品牌方在认知上有一个误区，认为培训体系就是课程体系。这样的认知导致很多微商团队的培训体系一直建立不起来。

2.1　规范课程体系 / 51
2.1.1　培训需求分析 / 51
2.1.2　课程目的和目标达成 / 54

2.2　课程研发步骤 / 56
2.2.1　成交型课题打造 / 56
2.2.2　课程单元设计 / 57
2.2.3　课程内容填充 / 60

2.3　课程编排指导 / 62
2.3.1　课程五维设计 / 62
2.3.2　课程进阶路线 / 63

第 3 章　建立师资队伍

微商要做好，教育要先行。教育大计，师资为源。建立优质的讲师团队，才能培养一流的微商团队。讲师团队的建设目标，可按照"引进、培养、借智"的人才队伍建设思路，提高讲师团队素质，优化师资架构，终极目标是让每个代理都能成为优秀老师，带好自己的小团队，处理好自己的事务。

3.1　讲师来源 / 76
3.1.1　全职招聘 / 76
3.1.2　经销商兼职 / 77
3.1.3　名师特聘 / 79

3.2　讲师包装 / 80
3.2.1　标签提炼 / 80
3.2.2　形象包装 / 83

3.3 讲师培养晋升 / 88
  3.3.1 培养原则 / 88
  3.3.2 培养步骤 / 90
  3.3.3 晋升通道 / 94

3.4 讲师管理考核 / 97
  3.4.1 讲师管理 / 97
  3.4.2 讲师派遣 / 107
  3.4.3 薪酬奖励 / 108

第 4 章 制定执行计划

  当微商团队把年度培训课程体系编排好了之后，对应的培训课程老师也就位的情况下，下一步就需要开始制定教育培训的执行计划了。不论是线上实时教育，还是线下培训，每一次教育培训活动都不是仅靠讲师一个人完成的，而是需要一整套的会务系统来配合才能得到有效执行。同时，课程排期需有规划，根据代理成长路线的实际情况以及结合品牌全年运营规划，做好教育培训的匹配与支持。

4.1 线上课程如何执行 / 112
  4.1.1 线上教育人员架构 / 112
  4.1.2 课程邀约方案 / 113
  4.1.3 课程内容及时间把控 / 114
  4.1.4 执行注意事项 / 116

4.2 线下培训如何执行 / 118
  4.2.1 线下培训类别 / 118
  4.2.2 会务系统构建 / 120
  4.2.3 会前策划筹备 / 121
  4.2.4 会中九大支柱 / 123
  4.2.5 会后推广跟进 / 127

4.3 全年教育规划 / 130
  4.3.1 销售目标拆解 / 130
  4.3.2 全年运营节奏 / 131
  4.3.3 教育培训计划 / 134

第 5 章　线下培训会务实操

品牌商学院是微商教育培训的重要策划组织机构,其一项重要工作就是构建线上课程教育服务与线下课程培训会务系统。当下微商教育培训线上线下交互融合已是大势所趋,而在众多微商教育培训活动中,以线下会议营销的会务策划组织最为重要。一场好的线下会议营销能够为微商品牌带来一针强心剂。

5.1　策划实施方案 / 140

　　5.1.1　确定会务目标 / 140
　　5.1.2　确定会务预算 / 141
　　5.1.3　确定会务内容 / 144
　　5.1.4　确定邀约节奏 / 146
　　5.1.5　会务操作流程 / 158

5.2　组织筹备会 / 162

　　5.2.1　人员分组 / 162
　　5.2.2　物料准备 / 166
　　5.2.3　会场管理 / 175

5.3　控场三组合 / 185

　　5.3.1　会议主持 / 185
　　5.3.2　会议音控 / 187
　　5.3.3　会议演讲 / 188

5.4　整理数据包 / 191

　　5.4.1　数据统计 / 191
　　5.4.2　经验总结 / 191
　　5.4.3　推广跟进 / 192
　　5.4.4　常见问题 / 192

第 6 章　微商教育培训服务

微谷是国内一家集教育培训、品牌营销服务、精准推广招商、信息化工具、会务展览、微创电商孵化器、产业基金于一体的微商生态链服务企业。微谷中国是微商发展的推动者和微商规则的制定者。

6.1　线上教育培训课程 / 198

6.1.1　《闪电百万富翁》/ 198

6.1.2　《全军营销落地系统》/ 199

6.1.3　《微商超级个体三十六计》/ 200

6.2　线下培训服务课程 / 202

6.2.1　《微商奇迹》/ 202

6.2.2　《微商之光》/ 203

6.2.3　《销讲核能量》/ 205

6.2.4　《微商领导力——团队复制与裂变》/ 207

6.2.5　《中国微商操盘手》/ 208

6.2.6　《千城裂变（沙龙）》/ 210

6.2.7　《内训会》系列课程 / 211

6.3　在线教育服务平台 / 213

6.3.1　平台使命 / 213

6.3.2　板块规划 / 215

6.3.3　内容分类 / 218

6.3.4　内容输出 / 219

6.3.5　运营推广 / 221

第 1 章
商学院系统

商学院是一个庞大的系统工程，是一个自上而下的教育系统，更是一个需要团队每一个角色都充分配合，从团队吸收养分而后再反哺的系统。换句话说，只有把教育的重要性让团队领导者们充分重视，配合本章赋予的架构、系统建立方法，形成一套符合品牌自身的落地政策和方案，才能合理规划自己团队未来的教育蓝图，让代理们从中看到成长的机遇和挑战。只有这样，属于自己的教育体系才有赖以生存并且汲取养分的土壤。

1.1 商学院蓝图

1.1.1 战略系统

当今世界优秀企业长盛不衰的秘诀之一,就是将人性化的理念与商业化的操作成功地融为一体。微商发展也是如此,当微商品牌发展至上千人团队时,单靠"家长式关怀"已经无法满足团队发展的需要,这时就需要构建自己的战略系统来引领团队。

战略导向最直接的一个问题:我们要去哪里,为什么去?

商学院系统就是解决这些问题:领导者带领企业和外部经销商去向哪里?每个个体的关系是什么?战略系统的核心内容就是战略"三板斧"。

战略"三板斧":愿景、使命、价值观(如图1-1、1-2所示)。

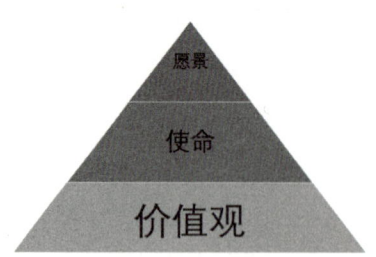

图1-1 战略系统

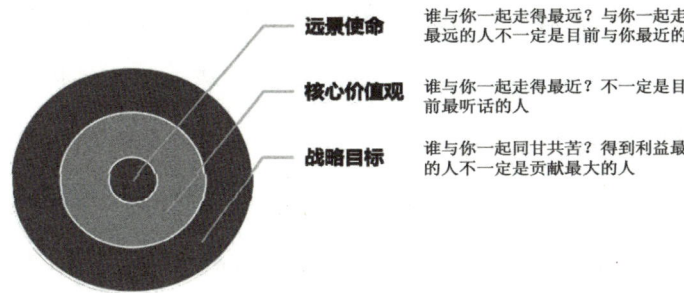

图 1-2　战略系统

1. 愿景

愿景是概括了个人或组织的未来目标、可预见的美丽景象，是企业哲学中最核心的内容，是企业最终希望实现的图景。它就像灯塔一样，始终为企业指明前进的方向，指导着企业的经营策略、产品技术、人才需求、薪酬绩效体系甚至VI设计风格等所有细节。

愿景力代表着大画面、心像力。大画面是"远见"，心像力是"洞见"，这些都是让品牌拥有先见之明的潜力。

愿景与核心价值观解决"灵魂需求"，战略目标解决"物质需求"。

案例分享：

"让每个人都能享受科技的乐趣"是小米公司的愿景。

小米公司应用了互联网开发模式开发产品，用极客精神做产品，用互联网模式干掉中间环节，致力于让全球每个人都能享用来自中国的优质科技产品。小米公司自创办以来，保持了令世界惊讶的增长速度，小米公司在2012年全年售出手机719万台，2013年售出手机1870万台，2014年售出手机6112万台。

截至2016年底，小米公司旗下生态链企业已达77家，其中紫米科技的小米移动电源、华米科技的小米手环、智米科技的小米空气净化器、万魔声学的小米活塞耳机等产品均在短时间内迅速成为影响整个中国消费电子市场的明星产品。

小米公司在2016年对小米生态链进行战略升级，推出全新品牌——MIJIA，中文名为"米家"。米家品牌名称取自小米智能家庭当中的"米"和"家"字，理念是"做生活中的艺术品"。

小米为发烧友而生，小米公司每个阶段的成功都不是偶然，而是在公司强大愿景的指引下，战略系统不断升级优化中完成的。2017年小米的目标是收入破千亿，小米也定下了五大核心战略，包括黑科技、新零售、国际化、人工智能和互联网金融五大部分。

（内容来自网络，有改动）

练习1：提升你的愿景力

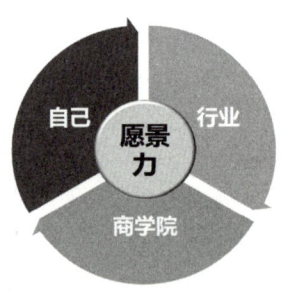

图1-3 愿景力三微图

* 你个人的愿景是什么？
* 你对商学院的愿景是什么？
* 你对微商行业的愿景是什么？

※建议：团队领导人带动公司内部员工及外部经销商全员练习。

2. 使命

如果说愿景是解决我们去哪里的问题，那么使命就是解决我们为何而存在的问题。使命在组织处于生死攸关的时候会发挥巨大的凝聚力作用。为了共同的使命，谁会与你同行？谁会与你走得最远？（如图1-3所示）

案例分享：

1988年，苹果公司已故的前创始人乔布斯曾经热烈地"追求"时任百事公司总裁的约翰·斯卡利，当时乔布斯找到他，并给了斯卡利一句让他铭记一生的话："你是要一辈子卖糖水，还是要一个改变世界的机会？"这就是使命，义不容辞的生存价值体现。

"我们生来就是为了在宇宙中留下印记。"

——史蒂夫·乔布斯

- 苹果公司的使命：为了改变世界；
- 小米公司的使命：为发烧而生；
- 阿里巴巴公司的使命：让天下没有难做的生意；
- 微谷公司的使命：赋能全球创业者。
- 你或你的团队的使命是什么？

练习2：设计你的使命宣言

* 问：我的公司为什么而存在？

* 为了……

> * 问：我的商学院为何而存在？
> * 为了……
> * 问：我自己为何而存在？
> * 为了……

※建议：个人和团队领导人都要清晰自己的使命、组织的使命，树立集体使命感！

3. 价值观

价值观是建构个人和组织的价值导向。所谓寻求志同道合的人的标准，就是寻求有着相似价值观的一群人。能够让一群人，为了一件事，做一辈子，这就是价值观的魔力。

价值观是一个企业倡导鼓励的价值体现方式，是为了实现共同愿景一路坚守的价值导向。

案例分享：

微商都是为一个梦想而来，对新事物充满了无限憧憬，总是在突破自我和创业创新的路上前行，用演说分享的方式表达自己的努力与团队的前进方向。所以微谷根据微商群体的特点，提炼出了"梦想、创新、分享"几个关键词作为公司的价值观，这几个关键词也正是微商群体的代名词。

微谷公司的价值观——梦想、创新、分享。

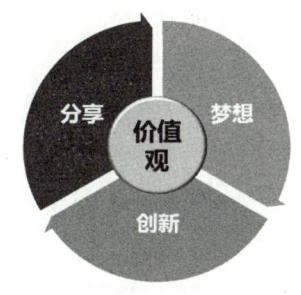

图 1-4 微谷价值观三微图

你或你公司的价值观是什么?

练习 3:清晰你的价值观

* 你的"梦想"是什么??
* 你如何理解"创新"?
* 你是如何"分享"的?

※建议:团队全员练习,也可以将" "中的词语换为自己价值观的关键词。

1.1.2 定位系统

定位理论最初是由美国著名营销专家艾·里斯(Al Ries)与杰克·特劳特(Jack Trout)于 20 世纪 70 年代早期提出来。里斯和特劳特认为,"定位是你对未来的潜在顾客的心智所下的功夫,也就是把产品定位在你未来潜在顾客的心中"。

定位要从一个产品开始。那产品可能是一种商品、一项服务、一个机构甚至是一个人。但是,定位不是你对产品要做的事。定位是你对预期客户要做的事,换句话说,确保产品在预期客户头脑里占据一个真正有价值的地位。

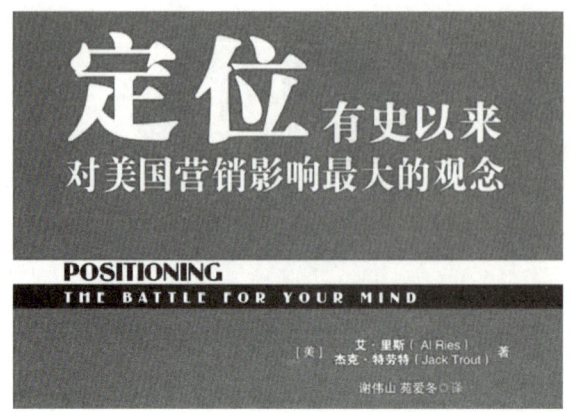

图 1-5　定位理论

定位的基本原则不是去创造某种新奇的或与众不同的东西，而是去控制人们心中原本的想法，去打开联想之结。

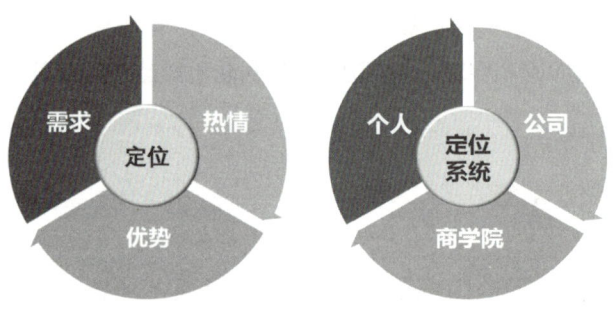

图 1-6　定位与定位系统三微图

1. 个人定位

个人定位的思路可通过"我能、我爱、我值"去扩展；对应组织可用"优势、热情、需求"来剖析，对应个人可用"天分、热情、使命感"来思考。找到三者间重合的部分，我们可称其为"生命之最"（生命之最：天分+热情+使命感，成就幸福人生）。

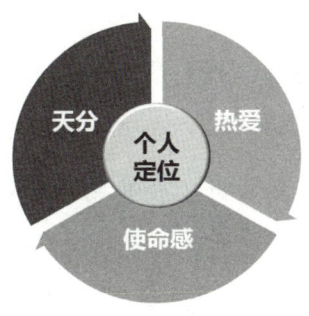

图1-7 个人定位三微图

 案例分享：

王强，山西人，大学毕业和几个朋友在北京开始了互联网创业，结果创业失败，大家各奔东西。他仍然怀揣梦想，南下来到深圳这个热血城市，开始了自己的打工生涯，他把自己的文凭学历和过去的所有经历全部隐藏，从最低级别开始做起，从工资一个月一千多开始。

在他的回忆中这样说：那段时间蛮拼的，因为从一开始我就没有把自己定位成打工者，对我来说，我是为自己工作，而不是为老板工作，更不是为钱工作，我记得自己把前几个月的工资攒下来买了一套音响，在空荡荡的出租房里，吃着泡面听莫扎特和肖邦的乐曲，心中有一种力量在支持着我。每天我上下班要坐一个多小时的公交车，我不觉得辛苦，反而觉得有趣，和当时的同事说，我每天都是在旅行。这段经历给我带来最大的不是财富的回报，而是我的专业度，是我的学习能力，是我的时间管理能力，是我的效率，是我的自信……因为这种态度，我在公司几百人中脱颖而出，半年时间就成为公司的区域总监，再后来帮助公司拿下几个百万的项目订单，成立分公司，开疆辟土，完成了人生第一段专业化的锤炼。

当我达到职业一个高峰时，我开始内观自己，到底我想要的是什么？过去几年的时间，都是在向外追寻，向外探索，买房，买车，赚钱，扩展自己的圈子，认识更多的牛人，疯狂的工作、加班，这一切的意义到底是什么？

我开始重新定位自己，从之前的一个超级工作狂，开始追寻生命的意义：我是谁？我从哪里来？我到哪里去？我到底想要什么？我能够给这个世界贡献什么？（而不是索取和占有）我能够给别人什么支持？

每个人在不同时期都会有不同的事业追求，如果能重新审视自己，定位自己，寻找自己的"生命之最"，你的人生将会更精彩！

练习1：完成个人定位

* 用便签条汇总自己的想法，开始内观自己，审视自己的内在"我是谁？我从哪里来？我到哪里去？我到底想要的是什么？我能够给这个世界贡献什么？（而不只是索取和占有）我能够给到别人什么支持？"继而筛选聚焦自己的"生命之最"。

* 个人定位：天分（我能）/热情（我爱）/使命感（我值）/生命之最

* 物料准备：彩笔、便签纸

图1-8　便签条汇总想法

* 问：我的天分在哪里？我能做什么？

* 问：我的热情在哪里？我爱做什么？

* 问：我的使命在哪里？我的"生命之最"是什么？

※建议：个人和团队领导人都要清晰自己的天分、热情及使命，聚焦自己的"生命之最"！

2. 企业定位

企业定位是指企业通过其产品及其品牌，基于顾客需求，将其企业独特的个性、文化和良好形象塑造于消费者心目中，并占据一定位置。

企业定位对于绝大多数的企业，还是一个模糊的概念，没有充分将其利用起来。从产品定位、品牌定位、客户需求定位三者的关系层次上来看，一般企业定位要经历的过程是：从产品、品牌、需求定位三者一体化到三者分离，后者相对于前者越来越概括和抽象，越来越以理念表现。

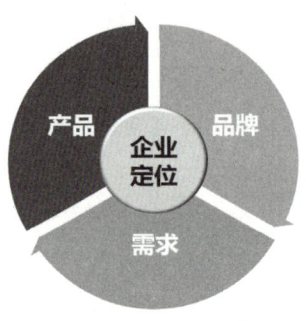

图1-9 企业定位三微图

案例分享：

聚美优品针对女性消费者对彩妆、护肤品等产品质量要求高，特别是在网上购买，顾客无法对商品进行直接、直观的了解，很容易对网上销售的化妆品产生不信任感的问题提出了解决方法。聚美优品以塑造产品形象为基础，努力让消费者对聚美优品的化妆品认可、放心，进而获得良好的客户口碑。聚美优品能够在一个时期发展势头迅猛，与其品牌形象的塑造密切相关。

品牌定位是企业在市场定位的基础上对特定的品牌在文化取向以及个性定位上的商业性决策，它是建立一个与目标市场有关的品牌形象的过程和结果。

从客户需求角度来看，唯品会是个有战略聚焦的平台，从商品品类上聚焦女性用户最喜欢、关心的品类，这是唯品会在竞争当中以差异化取胜的关键一点。

3. 商学院定位

目前，各大企业都在纷纷建立自己的商学院、构建学习型组织、提升企业的核心竞争能力。商学院为企业团队提供了最适合的学习平台，同时提供了丰富的课件内容、专业的培训评估与培训管理、强大的技术平台支持、帮助企业通过实施网络培训，大大降低了传统培训方式的成本。微商品牌商学院更是运用移动互联网技术，以线上线下相结合的方式灵活开展教育培训活动，以极少的投入获取最大的回报，提升团队核心竞争力。

对商学院的定位，推荐沙盘演练最有效，可以通过头脑风暴法来完成。

通过完成个人定位练习、思考公司定位之后，下一步我们可扩展，想一想商学院的定位是什么？如何来集思广益并达成结果呢？

如何细分定位？按精准定位4步法走（如下图所示）：

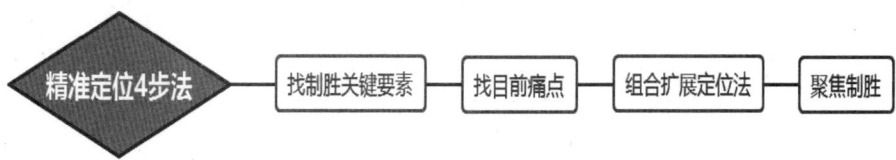

图 1-10　精准定位 4 步法

细分商学院定位：以头脑风暴的形式展开讨论，提炼关键词便签。

图 1-11 组合扩展定位法

通过组合扩展定位法,精选优势,规避痛点;务必做到优势聚焦,精选一个即可,做最终定位。

练习 2:完成企业定位

* 问:产品的定位是什么?
* 为了……

* 问:品牌的定位是什么?

* 问:客户的定位是什么?

* 问:商学院的定位是什么?

※建议:企业、商学院和团队领导人都要清晰自己的定位!

1.1.3 目标系统

哈佛大学有一个非常著名的关于目标对人生影响的跟踪调查，对象是一群智力、学历、环境等条件都差不多的年轻人。前后调查跨度 25 年，结果是令人唏嘘惊叹的。如下图所示：

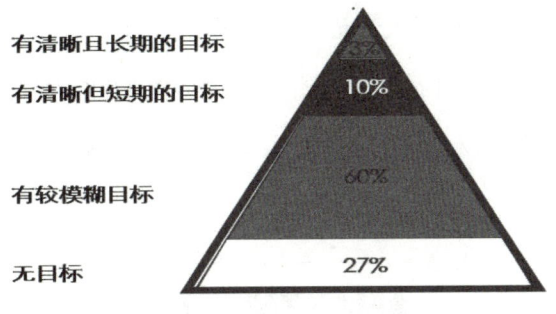

图 1-12 目标跟踪调查

图 1-13 目标跟踪调查（续）

调查显示：没有目标的人（27%）长期生活在社会底层；目标模糊的人（60%）整日为生计疲于奔命；短期目标清晰的人（10%）进入社会的中上层；长期目标清晰的人（3%）成为精英人物。缺乏明确目标的组织，内部资源的利用效率注定低下，寿命不会长久。

那么，如何进行目标管理呢？

1. 目标管理原则：

（1）组织必须建立大目标，作为组织方向；

（2）组织必须分别设立基本单位的个别目标；

（3）个别目标要与大目标取得一致。

制定目标看似一件简单的事情，每个人都有过制定目标的经历，但是如果上升到技术层面，必须学习并掌握 SMART 原则。如下图所示：

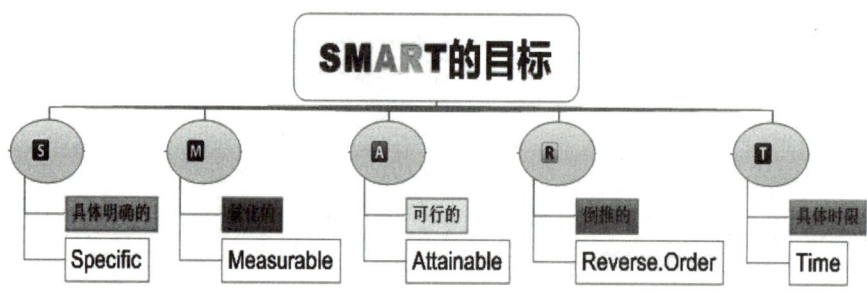

图 1-14　SMART 的目标图

2.SMART 目标原则

（1）总体要求

具体的（Specific）：明确不含糊，员工能明确组织期望他做什么，什么时候做以及做到何种程度。同时，资源是有限的，就只能将努力集中于最重要的事情上，每一层面的目标数量要有一定的限制；目标表述要简明扼要、易懂易记。

（2）目标值

可衡量（Measurable）：如果目标无法衡量，就无法检查实际与期望之间的差异。为此，目标值不应该用形容词，而尽可能用数字或程度、状态、时间等准确客观表述，衡量方法不应是主观判断而应是客观评价。

能实现（Attainable）：目标值尽可能高而合理，过高或过低都会影响目标作用的发挥。

（3）目标内容

倒推的（Reverse Order）或相关联的（Relevant）：目标内容的确定必须与组织宗旨和愿景相关联。在分解目标时应与员工的职责相关联，使组织目标成为员工日常工作的一部分。

（4）时间要求

有时限(Time-bound)：目标必须有起点、终点和固定的时间段。没有确切的时间要求，就无法检验；没有时间要求的目标，容易导致被拖延，即一项没有截止期限的目标常常是一项永远不会完成的目标。

托尔斯泰有这样一句名言："人要有生活的目标：一辈子的目标，一个阶段的目标，一年的目标，一个月的目标，一个星期的目标，一天的目标，一小时的目标，一分钟的目标，还得为大目标牺牲小目标。"

其实，许多人都在给自己制定目标，甚至有的会在自己的脑海里不断构想细化出一张清晰的目标地图，但是因为完成目标要有太长的路要走，有些无从着手，甚至让人望而生畏。因此，为了不让自己在忙碌中丧失信心，就需要将目标分解，通过完成一个又一个的小目标来不断激励自己，将长距离划分为若干个距离段，逐一跨越。所以，只设定一个长远的大目标是不够的，还需化整为零，把大目标分解为小目标，把长远目标转化为短期目标。

3. 设定目标的六个步骤

第一步：以终为始；第二步：远、中、近目标；第三步：本年目标；第四步：月目标；第五步：周目标；第六步：日目标。

可遵循下表（参考）步骤将公司目标、商学院目标、个人目标一一练习记录。

第一步：以终为始·5-10年的远期目标

表 1-1　远期目标规划表

类别＼时限	远期目标（5—10年）
工作目标	

第二步：远、中、近目标·职业规划

表 1-2　职业规划表

类别＼时限	远期目标（10年内）	中期目标（5年内）	近期目标（1-3年内）
工作目标			

第三步：本年目标·上一年末设定本年目标，明确、量化、挑战、期限、方法、措施。

表 1-3　年度目标量化表

类别	序号	目标内容	方法和措施	起止时间	完成打√
财务指标				1月至12月	
				1月至12月	
				1月至12月	
				8月至12月	
				每月	

第四步：月目标·年目标分解到每个月，上月 30 日前设定下月目标，要明确、量化，还要有期限、方法、措施。

表 1-4　月度目标量化表

类别	重要级别	目标内容	方法和措施	完成打√
二月财务指标				

第五步：周目标·月分解到每周，上周前设定下周目标量化、期限、分优先顺序。

表 1-5　周目标分解表

重要级别	本周工作目标 ↓	1、请看一下你的"月目标" 2、请在本周一前规划填写 3、按目标重要程度规划优先顺序 4、完成一项，在完成时打√	完成期限
1			周日
2			周一
3			周二
4			周三
5			周四
6			周五
7			周六

第六步：日目标·将周目标分解到日，头一天晚上设定明日目标量化、期限、分优先顺序。

表1-6 日目标分解表

周一			
重要级别	时间	今日事项 要事第一 （根据事项重要程度按A、B、C分级标注）	做到打√
B1	9:00-11:00		
B2	11:00-11:30		
B3	11:30-12:00		
A1	13:30-14:30		
A2	15:00-16:00		
A3	16:30-17:30		
完成日目标（百分比%）：100%			

案例分享：

有一天，爱德华博士立志要在自己的家乡用玻璃建造一座水晶大教堂。他向著名的建筑设计师菲利普表达了自己的构思："我要的不是一座普通的教堂，而是一座人间的伊甸园。"

菲利普问爱德华预算多少，爱德华博士坚定地对他说："事实上，现在我一毛钱都没有，所以对我来说，100万美元和400万美元并没有区别。重要的是，这座教堂本身要具有足够的吸引力，吸引捐助者的到来。"

教堂最终敲定需要的预算是700万美元。这个数字不但超出了爱德华博士的承受能力，甚至也超出了他的想象范围，其他人也都对爱德华博士说"这似乎不可能"。但爱德华博士却想出了一个化整为零的方法。他在一张纸上写着"700万美元"，然后在这个目标下面写道：

1. 找1笔700万美元的捐款；

2. 找7笔100万美元的捐款；

3. 找14笔50万美元的捐款；

……

9. 找700笔1万美元的捐款；

10. 卖出教堂1万扇窗户的署名权，每扇700美元。

在这神奇的化整为零的方法作用下，爱德华博士历时一年多筹集到了足够的款项。据说，水晶大教堂最后耗资2000万美元，但是在爱德华博士将这宏伟的目标化整为零之后，奇迹般地募集了足够的资金，让这个大教堂成了他家乡的一大胜景。

这张目标地图原本令人望而生畏，似乎这是一个无论如何忙碌都无法企及的目标，但是化整为零之后，成为了一个又一个可实现的小目标。即使我们在追求目标的过程中遭受挫折，但是因为可以看到为了每个小目标而忙碌的回报，就使得自己能够不断应对压力和挑战。

练习：销售目标分解

* 请结合本团队年度销售业绩的调研统计和分析，将年度销售目标结合公司年度大事件，进行阶段性目标业务拆解，从人均销售均价和团队代理数量两个维度进行周、月、季的目标落实。

1.1.4　创新系统

"不创新，就灭亡。"管理大师彼得·德鲁克的这句至理名言一直备受推崇，尤其在竞争日益激烈、变化日新月异的今天，更显得尤为重要。

创新是一个复杂的过程，其中交织着多种动力，创新行为的产生是外部动力和内部动力共同作用的结果。外部动力为创新提供适当的环境，内生动力促使创新系统内部各要素主动地积累自身的创新能力，从而产生创新行为。

在列出目标计划之后，对于达成目标的方式方法就可考虑用创新系统搭建。即再一轮的头脑风暴，商讨目标达成的策略。例如 2 年内销售业绩突破 10 亿的 100 种方法；公司产品走向欧美市场的 100 项战略预备，等等。

1. 商学院创新系统的三个维度

商学院创新系统从营销、运营、支持三个维度提供思路。

（1）**营销创新**：需要重新塑造和提升微商行业形象和微商产品品牌价值，做受社会认可、受人们尊重的新一代微商。

（2）**运营创新**：需要重新构建线上与线下相结合的双核系统运行，构建线上教育平台和线下社交活动。

（3）**支持创新**：需要优化更新微商的组织架构和管理系统，让管理回归经营，让人、财、物为经营目标服务。

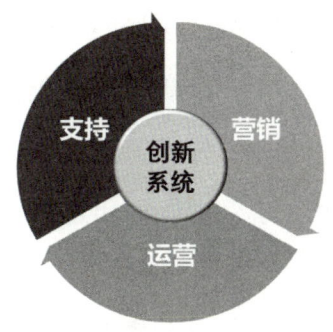

图 1-15　创新系统三微图

2. 商学院创新系统的五个方面

（1）管理创新是商学院创新的保证

管理与技术是创新的两大保证。过去常说"火车跑得快，全靠车头带"，在组织管理上都在强调"车头"的带动作用，现在动车高铁技术的动力来源已经不再是靠车头带了，而且比传统火车跑得快又停得稳，同样，铁路管理系统都在改变，以适应现代高铁系统的管理要求。

过去的微商靠团队领导人管理，以后的微商靠的是品牌商学院构建教育系统来系统化管理。

（2）观念创新是商学院创新的根本

观念创新是一切创新活动的前提。之前很多人认为创业就是找场地开店、办企业，马云打破了这一传统观念，在电脑上做电子商务也可以开店创业，微信出现后又更新了这一观念，在手机微信朋友圈中也可以创业。商学院创新就是在聚集新思想和新意识，完成新观念的再次更新或重塑。

(3) 知识创新是商学院创新的关键

每一个技术创新都是以一个新的思想为起点。新的技术成果能够转化为商品或服务，都是以知识创新为基础。商学院就是通过研究行业领域的科技知识、营销知识和社会知识，研发出团队所需的各项秘密武器。

(4) 产品品牌创新是商学院创新的载体

产品创新是为了更好地满足顾客需求而向市场推出具有新功能、新结构、新外观产品的活动。品牌创新是为了进一步提高商业竞争力而向市场推出新品牌，塑造和提升品牌形象价值，提高品牌知名度、美誉度和认可度的活动。品牌商学院就是研发知识产品和塑造品牌价值的孵化器

(5) 市场营销创新是商学院创新的实现

市场营销创新是为了达到经营目标，通过市场调研，把握市场变化趋势，提高营销活动水平来实现市场需求而进行的一系列创新活动。微商的前世今生以及未来的发展趋势都是商学院研究的对象，适应新环境，创新新模式，发展新微商。

3. 品牌商学院的"五力模型"

围绕微商的"五力模型"，我们可以迭代创新方法。

微商品牌商学院的教育体系思维可以针对"五力模型"不断深入。

"五力模型"包含了以下5个方面，如图1-16所示：

品牌力（跟谁干）：历史厚度、创始人、荣誉、科技。

产品力（干什么）：幸福指数、卖相、价格、卖点。

模式力（怎么分）：成长通道、吸引理由、挣钱效益、节日效益。

营销力（怎么干）：载体、人、软件。

明星力（谁干成了）：打造创始人、打造团队。

图 1-16　微商五力模型图

案例分享：

IBM 首席执行官罗睿兰（Ginni Rometty）曾在全球最大规模的国际消费类电子产品展览会上说："IBM 不再只是一家硬件公司或软件公司，而已经转型为一家认知解决方案云平台公司。"在行业变革的面前，IBM 这个运转了 105 年的商业帝国，放弃了曾在 20 年前给其带来丰厚回报的业务。在过去的十年中，IBM 一直在革自己的命，建立了覆盖 42 个国家的云平台，逐渐实现了从 PC 硬件制造和服务走向移动互联网服务和云服务的转型。在这个快速变化的时代，行业巨头 IBM 并没有沉湎于昔日辉煌，而是加快脚步，自我革新。

　　过去和现在的商业环境一直在创新中快速迭代，对每个人来说，要让自己的心态不断归零，接受现状的改变，去除自身的傲气，不被过去的成功经验所误导。企业要打破固守现状的模式，就要建立学习型的组织或文化，构建企业商学院。同样，微商要发展，教育要先行，微商团队发展到一定规模，构建品牌商学院就成为了微商团队发展的关键创新组织。

练习：创新应用

＊ 请梳理本团队在产品、服务、营销、管理等方面存在的问题，考虑如何构建、升级自己的教育体系或品牌商学院。

1.2 商学院组织架构

组织架构图是团队发展的大根基,是组织管理的大骨架。正如互联网的拓扑结构一样,设计好了组织框架,形成了清晰有序的组织关系后,下面就需要进一步通过组织的层级分配给每个子团队的经营目标,通过组织的管理跨度分解每个功能部门的管理指标。

1.2.1 组织分析

一个组织即一个系统,需要功能分析与和流程梳理。组织架构是指一个组织整体的结构,是在企业管理要求、管控定位、管理模式及业务特征等多因素影响下,在企业内部组织资源、搭建流程、开展业务、落实管理的基本要素。组织架构是战略系统落地,目标系统分解的权利配置和关系梳理。

未来的组织架构发展趋势,是由层级制变为互联网组织的架构形式,最常见的就是项目制。传统的金字塔式的层级制组织架构,等级森严,层级较多,往往会拖延决策速度,影响执行效果。而互联网组织架构转型由于将决策重心下移,实现扁平化管理,将资源、决策权力向一线倾斜,以灵活应对外界变化,能够提升决策与执行速度。外部市场环境变化非常快,对内部团队的执行效率要求非常高，由于市场需要企业的领导者与消费者的距离更近，以快速应对变化，所以比较适合采用这种组织架构形式。

1.2.2　架构设计

组织架构是需要根据不同时期的战略目标来设计的，不是一成不变的，是一个动态的变化过程。战略目标不同，组织架构会随之调整。就像不同动物都有各自的生存环境，根据所处的生态生长出了各自的身体骨架，在遇到风险时，各有各的本领来应对。

市场变化快的行业，适合采用"大后台 + 小分队"的组织结构形式，前端是能够快速、灵活应对市场变化的敏捷小团队，后端是像航空母舰或军事基地一样给小团队提供武器和弹药补给、信息支撑的大后台。目前，有不少领先的企业开始采用这种组织架构形式，比如：华为的铁三角项目型组织（由客户经理、解决方案专家、交付专家组成），海尔具有"自主决策、分配资金、自主用人"的"小微"公司，阿里巴巴的"小前台 + 大中台"组织结构。

微商行业需要团队作战，需要品牌开发，更需要团队教育系统的构建，那就需要设计团队的组织架构，就需要根据自己的战略目标设置组织关系和权责利的合理分配。微商是移动互联网时代的新兴商业组织形态，在组织架构设计上也应该以最精简的团队来实现组织战略目标，其特点是执行力强、灵活、可实现以业绩为核心指标的考核形式，具有强激活作用。

微商品牌商学院作为微商团队发展壮大最为核心的组织机构，

早期模型可参考下图 1-17 架构来设计，保障课程体系、师资队伍和教育商务对接等发展要素。

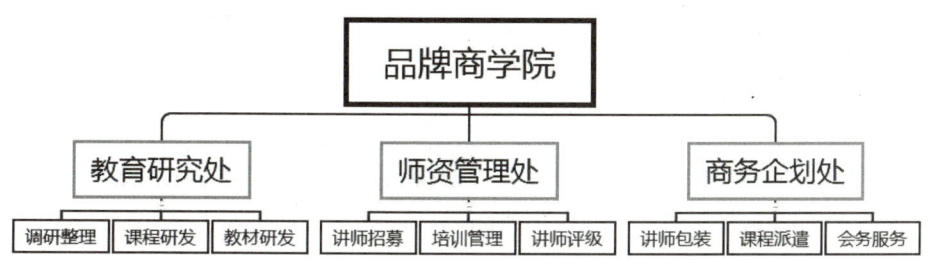

图 1-17　品牌商学院组织架构图

1. 教育研究处主管课程体系。课程研发需要充分结合市场所需，尤其鉴于微商行业迭代迅速，课程和案例更应做好跟进、更新工作。

2. 师资管理处主管师资力量。建立讲师招募、管理、考核机制，形成讲师梯队建设，通过多元化授课风格和标准化课件，打造优质的讲师大本营。

3. 商务企划处主管业务执行。商务企划是讲师价值定位的窗口，是产生讲师效益的链接部门。负责讲师的数据包包装、课程的派遣和会务支持工作。

以上三个部门各司其职，紧密配合，即可完成商学院教育体系的输出链条环。后续第二、三、四章节还将对三大部门的业务内容做更多详解。

微商的魅力就是快速复制和裂变，团队快速发展出现的很大问题就是团队稳定性很难保障。要让团队既能快速裂变又能保持相对稳定，就需要根据微商团队自身的运营特点，梳理自己的战略目标和各方关系，再设计适合团队本时期经营目标下的组织架构。

练习：团队组织架构设计

＊ 结合本项目团队本年度经营目标及内外资源，尝试设计出自己团队的组织架构图。

1.3 定岗定责定人

当每个子团队和功能部门的经营目标和管理指标都明确和清晰之后,就可以结合互联网项目制的组织模式展开经营目标拆分,将经营目标拆分成可量化的任务数据包。

根据以目标为导向的业务线内容所需,设置岗位,这叫"定岗"。有了设定好的岗位,才会有后面的流程管理。很多企业一直想实现流程化管理,但是越流程化效率越低,而且成员怨声载道,其原因就是没有做基础的定岗工作。

根据经营目标的滚动实现及在实现阶段目标的过程中遇到的问题,需要及时调整岗位,继而带动工作流程的不断优化,工作效率的提高。

定岗之后就是"定责",即设定该岗位的岗位职责和适宜该岗位的选人标准,同时明确每个岗位的工作职责。这里的工作职责不是只包含工作责任,还包含岗位权利和岗位利益及承担的义务,也就是"责、权、利"三个方面。

在完成了定岗、定责,有了选人的标准,之后就是"定人",即根据工作量来量化一岗设几人、一岗设几级等。

1.3.1 三微系统

"三微"又称三正,三正之始,万物皆微。三微是一种思想方法论。老子在《道德经》中表述了"道"生万物是一个从简单到复杂的过程:道生一,一生二,二生三,三生万物。正如下图所示:

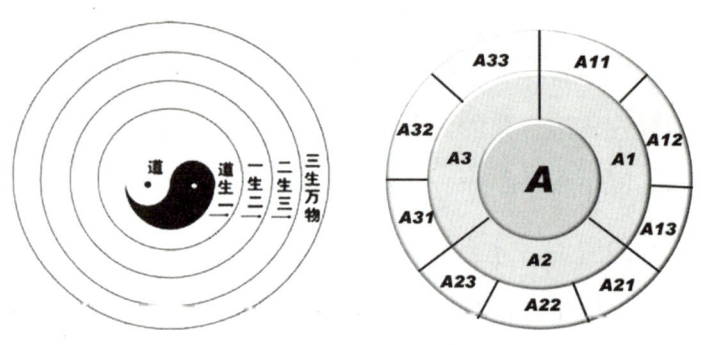

图 1-18 道生万物图　　　　　　图 1-19 三微图

三微图是三微系统的重要工具,不仅仅应用在组织架构设计上,也可以应用在营销、管理等多个方面。

三微系统可广泛应用于个人、部门甚至企业。

一个企业重点打造三项主打业务;一个部门主负责三个业务板块。

一个领导重点管好三个人;一个人主管三件事。

……

微谷模式推崇用"三微图"的形式完成人事架构,即定岗定责定人,用的正是老子的三生万物原理。

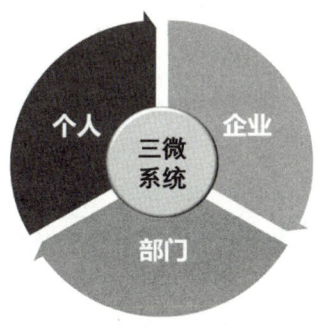

图 1-20 三微系统图

 案例分享

三微系统图是微谷总裁凌教头经过多年研究总结出来的一套系统。三角是最稳定的结构,也是通过相互支撑发挥最大力学价值的结构。

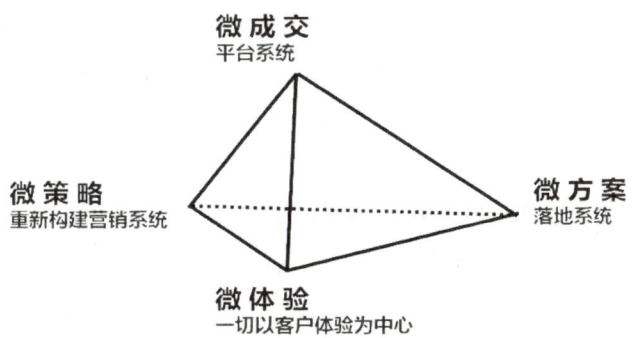

图 1-21 三微营销系统

凌教头在三微营销系统的基础上进一步研发出了微商发展的三大理论,这些理论可以重新构建企业在移动电商时代下的营销系统。

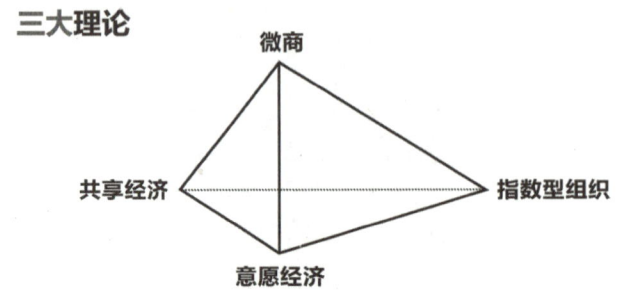

图 1-22　微商三大理论

练习1：用三微图画出自己的核心工作

* A：我的职位是

*

*

* B：我的最核心的三项工作是

*

*

* C：每一个核心工作的分解工作是

*

*

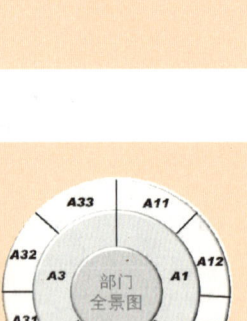

练习2：用三微图画出部门的核心工作

* A：部门名称是

*

*

* B：部门中最核心的三大块工作是

*

*

* C：每个工作的核心内容是

练习3：用三微图画出公司的核心内容

* A：公司的名称是
*
*
* B：公司的三个关键词是
*
*
* C：每个关键词的衍生内容是
*
*

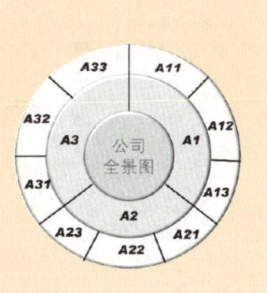

1.3.2 人资系统

人资系统就是在构建符合企业战略和目标系统下的"定岗、定责、定人"的工作标准或工作说明书，用三微图表现为：

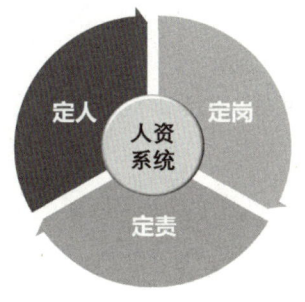

图1-23 人资系统三微图

结合微商品牌商学院的组织架构图，我们即可定出商学院院长，三大处各自的负责人，各任务部分的责任人，等等。根据行政岗位的级别，亦可制定总经理——总监——经理——主管——储备干部——普通员工等岗位行政头衔。

组织架构图结合三微系统，能够高效并精准地定位每一个工种，每一个人的权利和职责，极力提升工作效率。

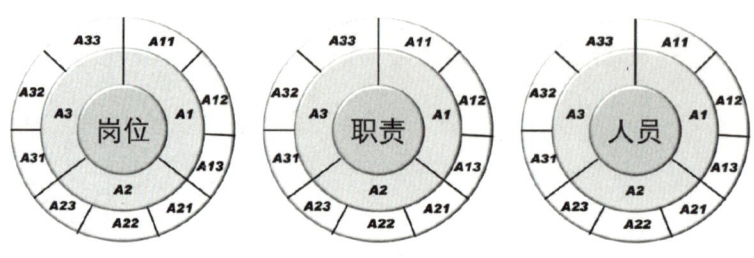

图1-24 "岗-职-人"三微图

练习：用三微图画出自己的岗位职责

* A：我的岗位名称是
*
*

* B：我的最核心的三项工作责任是
*
*

* C：我的最核心的三项工作权利是
*
*

1.3.3 管理系统

传统意义上的管理系统是由相对独立的不同部分组成的，这些部分可以按人、财、物、信息、时间等来划分，也可以根据管理的职能或管理机构的部门设置来划分。

而微商组织的管理系统更趋向于把企业组织的职能部门管理转变为团队成员的个人社群管理。微商团队里的每个人都是一个移动互联网上的店铺，每个人都以社群的形式在打造自明星或在塑造具有影响力的个人品牌，相互联动，相互依存。

在这里表述的商学院管理系统主要是指由管理者、管理对象等若干个相互联系，相互作用的要素和子系统，按照管理整体目标结合而成的有机整体。主要可分为工作计划、工作流程和任务拆解三个方面。

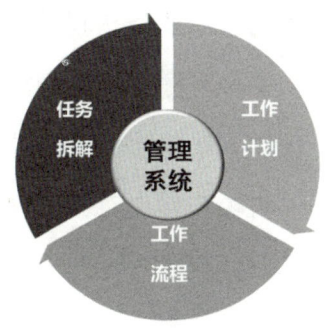

图 1-25　管理系统三微图

1. 工作计划

工作计划可依据工作目标的分解情况制定，管理以月为单位，设置每月计划表，以及相应的绩效考核监督管理。

商学院管理系统先从目标分解，编制月度工作计划开始。

表 1-7　月度工作计划表

序号	项目	工作内容	输出物（交付结果）	本月度 1 2 3 4 5 6 7 8 9 10 11 12 13 14 15 16 17 18 19 20 21 22 23 24 25 26 27 28 29 30	责任人	工作措施及方法
1						
2						
3						
4						
5						
6						

表头：商学院2017年9月工作计划

2. 工作流程

工作流程是内部发生的某项业务从起始到完成，由多个部门、多个岗位、经多个环节协调及顺序工作共同完成的完整过程。简单地讲，工作流程就是一组输入转化为输出的过程。

所以，需要明确输入对象和输出对象，输入物和输出物，输出的每个环节的时间节点和具体要求。工作流程是工作效率的源泉。如图：

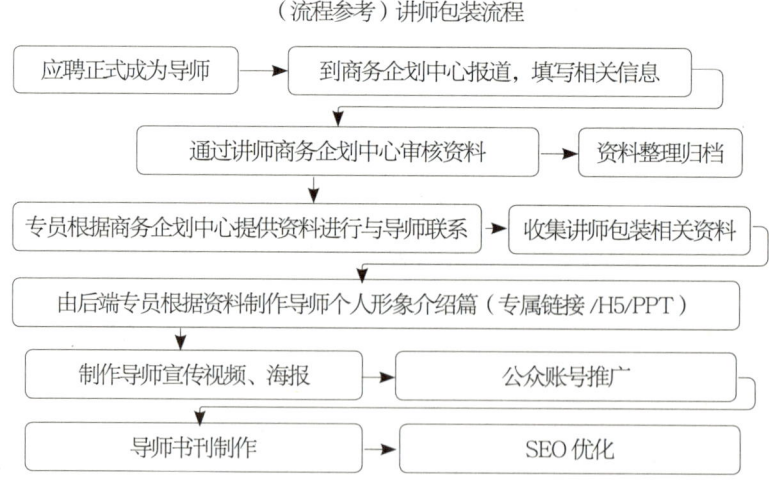

图 1-26　讲师包装流程图

3. 任务拆解

任务拆解亦可做岗位职责定位。将常规业务的任务拆解定责，即可明确任务分工和绩效考核指标。

表1-8 人员需求申请表

申请部门：		申请日期：	
职位名称：		建议薪资：	
需求人数：		要求到岗日期：	
需求原因	□填补人员空缺 （如是，请标明前任的姓名：＿＿＿＿＿＿） ☐新增职位 请标明增加该职位的原因：		
职 能			
职能概述			
汇报线（汇报对象）			
岗 位 职 责 描 述			
职责/任务： 1、 2、 3、 4、 5、 6、			
任 职 要 求			
岗位要求（学历、年龄、经验、素质等方面）： 1、 2、 3、 4、 5、			
用人部门主管意见：		分管副总裁确认：	
人力行政部意见：			

注：此表由用人部门填写，报送人力行政部，签批后执行

表1-9 岗位说明书

岗位说明书（参考样本）

徽谷 中国最大徽商服务平台
400-803-8877

岗位名称		所属部门	
岗位类别		岗位编码	

岗位说明

岗位职责：

一、包年客户项目跟进——1、参与包年客户的诊断
　　　　　　　　　　　2、跟进包年客户的课程服务
　　　　　　　　　　　3、整理存档包年客户的项目资料积累
　　　　　　　　　　　4、相应客户对接和出差安排

二、教研处相关工作——1、非包年客户的诊断和阶段服务推进
　　　　　　　　　　　2、徽谷线上线下课程的监督和课程研讨
　　　　　　　　　　　3、品牌方案例的收集与数据整理
　　　　　　　　　　　4、徽谷出版书籍的撰写与校对

三、部门与团队管理——1、负责研究院与大客户部的工作对接
　　　　　　　　　　　2、培养指导教研处新进员工的工作
　　　　　　　　　　　3、拟定教研处阶段性的工作规划

日工作流程：
1、参与部门晨会和夕会
2、参与诊断工作安排
3、跟进包年客户朋友圈动情进展
4、跟进研究院线上线下课程的进展情况
5、协助教研总监完成教研处当日工作安排

周工作流程：
1、每周参与诊断工作和按时完成诊断报告
2、每周做一次包年客户朋友圈动情情况小结
3、每周六召开一次教研处小部门总结汇报会议
4、每周六开展一次大扫除

月工作流程：
1、每月不定期对研究院新员工进行岗位培训
2、每月不定期参与公司临时性工作指派
3、每月参与研究院部门总结大会和公司月度会议
4、每月阅览行业书籍4-6本

岗位人员签字：	直属上级签字：
分管副总裁确认：	
人力行政部意见：	

注：此表由用人部门填写，报送人力行政部，签批后执行

1.4 全程检视

"战略化为目标,目标落地为计划,计划变为可执行方案,关键在于全程检视",这是对全程检视在商学院系统构建的重要性说明。全程检视也是移动互联网项目管理的重要内容,贯穿在项目整个过程之中。

1.4.1 绩效系统

商学院的绩效系统主要包含薪酬、绩效、提成三大块。

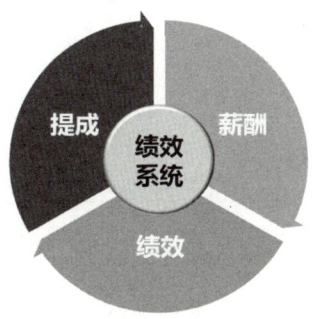

图 1-27　绩效系统三微图

薪酬体系建议以基本工资 + 岗位工资 + 绩效工资 + 食宿补贴的形式。各部门根据业务能力和业绩贡献可另设提成方案。

绩效工资由每月绩效考核打分情况折算。考核内容需结合每月计划达成情况得出。

例：绩效考核表

表 1-10 绩效考核表

2017 年第____月计划/考核表					
姓名：_____ 部门：_____ 岗位：_____			填表日期：___月___日		
月度主要工作任务	考核标准	权重(%)	资源支持承诺	自评得分	上级评分
1、					
2、					
3、					
计划确认签字：本人_____ 直接上级_____			本人自评结果：____ 直接上级考核结果：____ 考核结果=Σ（评分*权重）		
制定计划填写说明	1、"月（季度）度主要工作任务"一般不超过6项，不能确定的用"上级临时交办的任务"表示，但权重不能超过20。 2、"考核标准"要具体并能够衡量，一般从数量、质量、时效性、所节约的资源和客户（上级）的评价等方面确定。 3、"资源支持承诺"指方达成目标所需的资源和上级的支持，经双方确认后填写；"参与评价者"指直接上级在评分前需要征求意见的对象。 4、要求管理人员在本月度管理业绩方面赋予20-40的权重，建议从计划与组织、指导与监控、决策与授权、团队建设与管理和内部规定制度建设角度制定。 特别强调：若月度内出现重大计划调整（如权重大于20的工作任务取消或新增）、现有任务权重增减过20），须重新填写本表作为工作指导和考核依据。 5、如员工当月有大量加班、特别贡献、创新方法等，可适当增加分数。				
考核评分说明	评分标准：100分——创造性地、完全超乎预期地达成目标；90分——明显超越目标；80分——达成目标并有所超越；70分——基本达成目标；但有所不足；60分——与目标存在明显差距；0分——未进行此项工作 1、评分超过90分和低于65分时，要在述职报告或上级评定中进行文字说明。 2、每月由本人、直属领导、部门副总依次评分后按上表比例计算出分数，上交于人力资源部。				

1.4.2 晋升系统

晋升系统需要确保人员的晋升根据绩效考核和个人职业生涯设计来管理。同时，不同级别的人员通过不同的程序晋升，使晋升程序具有更高的效率和合理性。结合行业属性，我们的晋升系统可以沿冠军线、专业线、管理线三条不同线路分别设立。

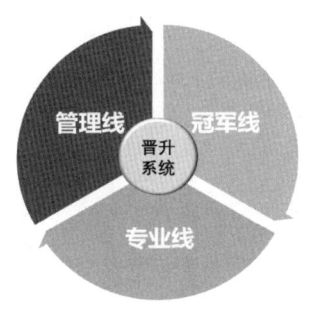

图 1-28 晋升系统三微图

冠军线，即与业务匹配的部门和人员，晋升考核指标直接与业绩挂钩。

专业线，适用于师资队伍，以培养专业人才为目标和建立梯队单独成长线路。

管理线，通用于一般行政岗位晋升，看重个人工作能力和团队管理能力。

具体的员工晋升方案可参考下表。

表 1-11　员工晋升方案表

微谷员工晋升方案

序号	类别	岗位类别	级别	晋升要求	级别	晋升要求	级别	晋升要求	级别	晋升要求	级别
1	管理类	助理、客服、文案、设计、财务、销售总监以上	试用期	1、能独立按要求完成工作，具有团队协作能力 2、有团队协作能力及进取心 3、与各面试时能力相符或超出的 4、团队协作能力良好 5、软实力的适应性及反应力 6、1个月内无任何违反员工管理手册复制度记录	正式员工	1、能独立高效完成工作任务 2、有团队协作能力，有团队精神 3、有较强的抗压能力 4、平时表现效为突出，公司内出现职务空缺，团队协作能力良好 5、软实力的适应性及反应力 6、连续2个月内个人绩效考核不低于80分	储备干部	1、主要承担管理能力 2、有团队协作能力 3、能独担专员工作任务 4、能领导整个团队做出及责任重大的贡献 5、团队协作能力突出 6、公司内出现职务空缺 7、具备优秀的领导力，目前职能出现空缺 8、6个月内无违纪行为 9、连续3个月内个人绩效考核不低于80分	主管	1、主管工作连续3个月以上 2、培养出名以上储备干部 3、个人对部门协调有特别突出的个人品德好，作风正派 4、公司内部出现职务空缺 5、具备优秀，成本控制思维、工作目的能合理安排、团队下属绩效执行 6、6个月内无违纪行为 7、连续3个月内绩效考核不低于85分	经理
										1、担任总监6个月以上 2、具备公司经营战略思想 3、具备一板块以上有突出贡献 4、在某一板块以上有突出贡献 5、个人品德好，作风正派 6、总结公司一切管理制度80%以上 7、遵守公司一切管理制度无违纪行为	总监	总经理
2	销售类	业务员	试用期	完成试用期1、3个月万业绩15万 2、日常表现优秀 3、3个月内无违纪 4、2个月内个人绩效考核不低于80分	正式员工	完成每月业绩15万 1、3个月内业绩累计达60万 2、日常表现优秀 3、3个月内无违纪 4、2个月内个人绩效考核不低于80分	储备干部	完成每月团队业绩100万 2、3个月内团队业绩累计达100万 3、培养销售干部2名 4、团队人数不低于15人 5、3个月内无违纪行为 6、3个月内个人绩效考核不低于80分	销售经理		销售总监
3	讲师类	线上	试用期	1、录制电台60期以上，每次不低于5分钟 2、微信群路演，线下路演（每月1次） 3、自创3套课程 4、成功培养3位以上高级讲师	高级讲师	1、录制电台60天，每次不低于5分钟，每月4次 2、微信群路演，实战30次以上 3、线下路演，每月4次 4、一个月客户评价80%以上好评 5、自创1套课件 6、成功培养3位以上高级讲师	特级讲师	1、录制电台120期以上 2、微信群路演，累计1000次以上，实战500次以上 3、线下路演，每月4次，一个月客户评价80%以上好评 4、自创2套课件 5、成功培养10位特级讲师	明星讲师	巨星讲师之后晋升参照管理类晋升要求	巨星讲师
		线下	试用期	1、主讲线上课程5场以上 2、客户评分85分以上 3、评审团考核85分以上	高级讲师	1、主讲线上课程20场以上 2、客户评分90分以上 3、评审团考核90分以上	特级讲师	1、主讲线上课程20场以上 2、客户评分90分以上 3、评审团考核90分以上	明星讲师	巨星讲师之后晋升参照管理类晋升要求	巨星讲师
4	DJ	DJ	试用期	参照管理类晋升要求	高级DJ	1、随线下课堂见习5场以上 2、客户评分85分以上 3、评审团考核85分以上	特级DJ	1、首控线下课堂10场以上 2、客户评分90分以上 3、评审团考核90分以上	明星DJ	巨星DJ之后晋升参照管理类晋升要求	巨星DJ
5	主播类	主持人	试用期	参照管理类晋升要求	高级主持人	1、主持下课堂10场以上、讲师及客户评分达到80分以上	特级主持人	1、主持下课堂20场以上、讲师及客户评分达到80分以上	明星主持人	巨星主持人之后晋升参照管理类晋升要求	巨星主持人

1.4.3 检视系统

检视系统最重要的就是一个词——"总结"。每日总结改进、每周总结改进、每月总结改进。

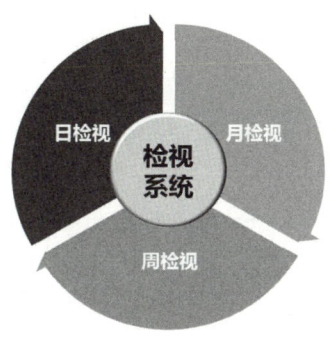

图 1-29 检视系统三维图

总结改进做得不到位，所有的计划和考核都是白费功夫。

 例：每日总结改进表、每周/月总结改进表

表 1-12 总结改进表

周/月总结
目标完成情况
1. 收入目标　　万，实际达成　　万；
未完成目标的原因和障碍
克服障碍的对策和方法
本周/月的创新与收获

表1-13 总结改进表（续）

重要级别	时间	周一　　　　　　　　2017年　月　日今日事项　要事第一（根据事项重要程度按A、B、C分级标注）	做到打√
B1	9：00-11：00		√
C1			√
B2	11：00-12：00		×
C2			√
A1	13：30-14：30		√
A2	15：00-16：00		√
A3	16：30-17：30		√
完成日目标（百分比）：95%			

全程检视系统是一套完整的闭环。曾子曰："吾日三省吾身——为人谋而不忠乎？与朋友交而不信乎？传不习乎？"即：我每天多次反省自己：替别人做事有没有尽心竭力？和朋友交往有没有诚信？老师传授的知识有没有按时温习？

对品牌商学院每一位教育体系的构建者来说，都应该时不时扪心自问：有没有尽心尽力去帮助自己的经销商客户？有没有将最好的教育服务提供给那些求知若渴的人？记得常常提醒自己：知道是没有力量的，相信并做到才有力量！一套完整的商学院系统尽在眼底，你行动起来了吗？

练习：全程检视

* 结合自己团队目标计划，做好日、周、月、季、年的总结检视设计。

*

*

》本章小结

　　本章通过讲述品牌商学院的十大系统，从理论讲解、案例分析到习题演练，全面展现了微商品牌商学院构建的基本框架和系统性思维。为后面构建微商教育培训体系各核心模块内容做了全面概括，也为微商构建品牌商学院系统的必要性进行了充分论证和说明，品牌商学院或将成为规范微商高效持续发展的最重要武器。

第 2 章
规范课程体系

目前，有很多微商品牌方存在没有自己的培训体系或是培训体系不完整的问题。很多微商团队长或品牌方在认知上有一个误区，认为培训体系就是课程体系。这样的认知导致很多微商团队的培训体系一直建立不起来。

微商是最需要教育的一个行业，各大团队纷纷都在设立自己的品牌商学院，有的也开设了很多五花八门的微商培训课程，课程虽多，但大多数都不成体系。

一个体系通常都是通过多个模块组成的，每个模块之间互相关联，互为补充，最终形成一个闭环。微商团队的培训体系也是由课程体系、讲师团队、培训平台、效果评估等多个模块构成，其中还包括全年教育规划与会务执行计划等内容。

本书就是以构建品牌商学院来推动实现微商品牌方的教育培训体系化，培训课程规范化。从规范课程体系开始，最终全盘构建起微商团队的培训体系。

微谷针对微商行业教育需要，梳理出了微商发展的两大路线，分别是微商品牌路线和微商个人成长路线。由微谷研究院根据其中的微商个人成长路线开发出了系统化的微商培训课程体系，梳理形成了"微商从小学到大学认知成长，从初级到高级能力增长，从0—1000团队发展裂变"成长路线图。这是目前微商行业最完善的一套培训课程体系。见图：

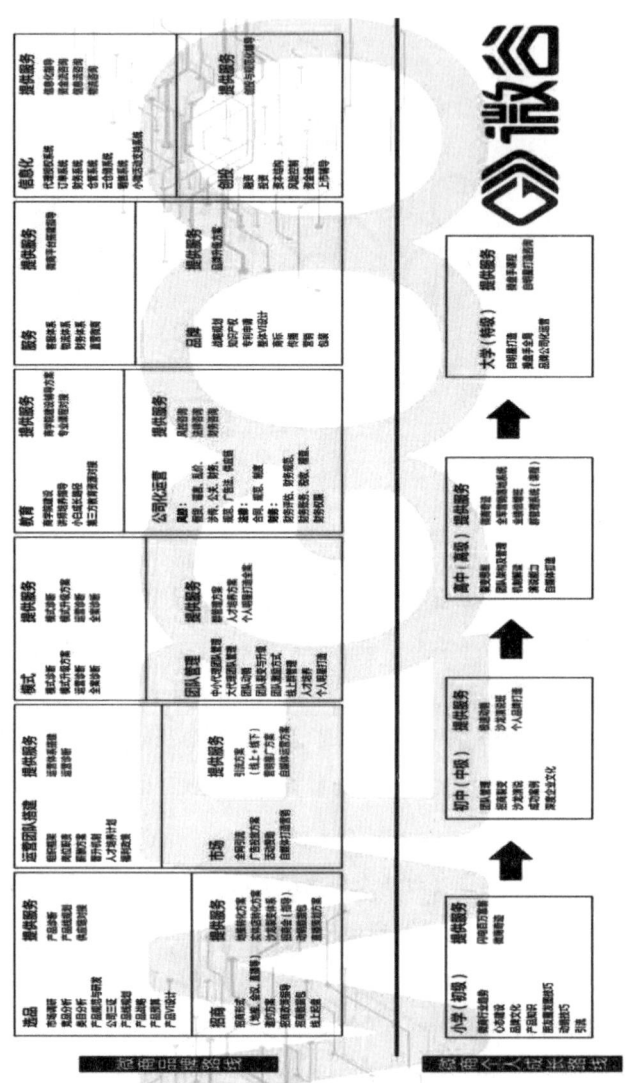

图 2-1 两条生产线（来源：微谷研究院）

本章能够给予的，就是一套正确的课程研发步骤和编排指导，相信能为因于课程瓶颈的你拨开云雾。

2.1
规范课程体系

微商品牌商学院的课程是培养微商素养与技能的课程,具有基础性、普及性、发展性和可操作性。它能使学员掌握必备的基础知识和基本技能,培养学员各方面能力;能培养学员的创新意识和实践能力;能促进学员在企业情感、态度与价值观等方面的发展。

规范体系化的课程,是微商教育的堡垒。很多微商品牌苦于课程研发不知从何入手,只能不断借助外援以解燃眉之急,却依然逃离不了明日无米之炊的尴尬。

2.1.1　培训需求分析

培训需求分析是课程设计者开发课程的第一步。进行培训需求分析的目的是以满足品牌团队和团队成员的需要为出发点,从行业环境、团队规模和个人所需各个层面上进行调整和分析,从而判断团队和个人是否存在培训需求以及存在哪些需求。

需求分析要一针见血,必须把握两点:问题点和期望点。

问题点是指课程培训能够改善、修正的空间在哪里;而期望点指突破目前现状,提升的空间在哪里,它是课程的源泉。

需求分析要把握两个原则:针对性和实用性。

培训课程务必要以团队及学员的需求为基准。因此,在进行课程开发之初,针对具体待开发的课程,课程研发人员必须对企业和受训对象进行有针对性的调研。比如:学员是谁?他们关注的重点有哪些?他们能接受的培训方式是什么?等等。

 例

培训需求调查问卷

表 2-1　训需求调查问卷表

一、基本信息					
姓名:		代理等级:		所属团队名称:	
加入微商的时间:		您本人的下级代理人数:		月均销售额:	
二、培训现状调查(请在您认可的答案"□"内打"√")					
1	您认为目前公司对微商培训的重视程度		□很重视□比较重视□一般□有待加强		
2	您对公司培训的整体感觉如何?		□很满意□比较满意□一般□不太满意□很不满意		
3	您认为目前公司微商培训需要改进的地方是(可多选):		□老师的选择□时间的安排□场地的安排□内容的选择 □效果的评估□培训的形式□培训激励		
三、培训需求调查(请在您认可的答案"□"内打"√",如选择"其他"请在空格内简要描述)					
4	您认为公司的微商培训重点应该是(可多选):		□品牌文化□行业信息□入门培训□产品知识 □引流方法□朋友圈塑造□销售技能□代理招募 □团队管理□自明星打造□演说训练□领导力培养 □其他		
5	您希望参加公司各种微商课程培训的频率是:		品牌线下大课:□每月一次□每两个月一次□每季度一次 团队线上小课:□每天一次□每周三次□每周一次 团队线下课:□每周一次□每月两次□每月三次 □其他:		

续表

6	鉴于公司的特点，您认为最有效的微商培训方法是什么？请选出您认为最有效的3种：	□邀请外部大咖讲师到公司进行集中讲授 □请品牌自有讲师进行集中讲授 □由团队大代理线上进行分享 □团队内部线下聚会分享交流 □线下组织团队拓展培训会 □建立网络学习平台 □其他：
7	以下讲师授课的风格及特点，您比较看重哪一点？	□理论性强，具有系统性及条理性 □实战性强，丰富的案例辅助 □授课形式多样，互动参与性强 □语言风趣幽默，气氛活跃 □激情澎湃，有感染力和号召力 □其他：
8	您希望微商培训时段安排在：	线上培训：□工作日 □周末休息日 □平时晚上 □其他
9	您希望的每次微商培训的时间长度为：	线上培训：□30分钟 □1小时 □2小时 线下培训：□2-4小时 □8小时 □2天1夜 □3天2夜 □无所谓
10	您个人感觉，在工作中是否存在下列困惑？（请如实填写，可多选） □不知道公司的发展目标以及我在公司的发展方向 □朋友圈不知道怎么发 □怕好友把我屏蔽 □微信好友数量少，上不去 □很难抓住客户 □回购率低 □卖不动货，没有动力 □管不住底下的人 □不知道怎么做线下活动 □个人感觉工作已经努力，但目标仍无法完成 □其他 1. 2. 3.	
11	在专业技能方面，结合您个人的微商创业发展规划，请列出您个人感觉目前最需要提高的几个方面：	

关于培训建议（除本问卷所涉及的内容，您对公司微商培训还有哪些建议和期望？或者是您还期望学到哪些方面的知识？）

2.1.2 课程目的和目标达成

进行课程研发的核心目的是：我要解决什么问题？回答了这个问题，才能确定课程的目标和内容。比如：我要解决卖货的问题，那么在课程研发的时候我们就要围绕销售技巧；要解决客源的问题，就需要把引流作为课程的核心点；要解决团队管理的问题，团队内训是一个不错的选择。

列出我们需要在课程上解决的核心问题。用课程目的——目的说明——主要课程——辅助课程来编写一个课程系列表。如表2-2。

表2-2 微商课程表（来源：微谷研究院）

课程目的	目的说明	主要课程（例）	辅助课程
微商趋势	了解微商、认知微商	如何高姿态看待微商	商业演变历程
朋友圈形象	朋友圈个人形象四大广告位塑造	打造价值百万的个人形象	个人形象包装工具
线上引流	线上寻找客源的方式方法	线上引流之百度系引流	提高好友通过率的小技巧
零售动销	零售卖货给消费者	快速出货的七种方法	一对一成交话术
客户服务	区别设立客户标签体系	微商VIP5客户服务体系	服务转化技能

培训课程的目标即是学员培训应达到的标准。我们根据培训的目的，结合上述需求分析和课程目的，形成培训课程目标。

确定目标注意两点：一是必须明确具体，便于课后评估和内容设计；二是目标点要集中，方便学员有针对性地带着问题来听课，为组织成员节省时间。

培训课程中的一个重要课程，也是当下微商最需要的：招商课。这个课程的目标也可以是具体业绩指标，确定了具体的目标后，在宣讲内容设计、课程流程、人员分工支持上就会有明确的执行方法。

2.2 课程研发步骤

2.2.1 成交型课题打造

一个好的标题就是一个好的课程广告。

现在大部分的课程都是以线上为主,代理都会在线上的某种平台上进行,只有一个具有吸引力的标题,才会让代理们有动力自己在手机或者电脑面前去耐心等待课程的开始,去主动听每一条语音。我们认为,能让代理看到标题就期望听到这个课程,这个标题就是一个成交型的标题。

如何才能打造出一个优秀的成交型标题?

一个标题只是短短一句话,就要求我们简单明了,直白直接。

1. 标题内容上:可以描述学习者渴望的东西,加入通过课程学习者能够改变多少的表达,或者陈述学习者当下所经历的痛点。

2. 标题形式上:标题可以用疑问、反问和比喻的方式来展现。

3. 标题展现上:简单直白的数字更引人入目。

4. 标题语气上:用肯定的陈述,出乎意料的语气更能感动读者。

例:成交型的标题

《攻心销售——开口就能收钱的神秘成交术》

《一对一成交的六套话术法则》

《适合线下引流的 12 种活动》

《塑造产品价值的 18 条"军规"》

《揭秘一封销售信打造自动赚钱机器的终极秘诀》

《如何在 10 天内让你从微信白痴变成微商高手》

《让代理自愿跟你走的五个利器》

《商学院——百团大战邀约千军万马》

2.2.2　课程单元设计

课程单元设计是在进行课程整体设计的基础上,具体确定每一单元的授课内容、授课方法和授课材料的过程。如何把合适的案例、故事、游戏、道具、视频音像融为一体,并与具体的内容框架形成统一体,都需要精心策划。

一场线上课程的单元设计模块可如下图:

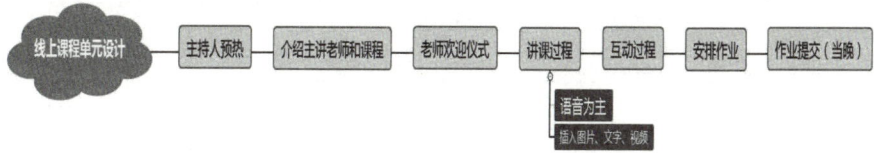

图 2-2　课程单元设计图

线下课程的单元设计则相对繁复,结合课程时长、课程内容、课程互动和 PK、游戏等环节要求,对课程单元的分块提出了更高的要求。

 例:单元设计

"两天一夜"内训课程表

表 2-3　内训课程表

日期	时间	流程	内容
会议第一天上午	08:00-08:15	学员报到	会务组
	08:15-08:20	学员进场	会务组
	08:20-08:30	暖场	暖场音乐+暖场视频
	08:30-08:50	主持人开场暖场	主持人
	08:50-11:00	破冰+领导人的12个特质(上)	主讲老师+PPT
	11:00-11:50	分班+选班长+选辅导员+惩罚内容+承诺宣誓+发物料(团队队名口号队呼先布置下去,学员们会利用中午时间做作业)	主讲老师+PPT
	11:50-12:20	心态梳理+布置第一项作业,团队展示作业	
	12:20-12:30	总结老师上午课程+推崇下午课程+布置前四组团队展示	主持人
午休	12:30-13:30	午休	
会议第一天下午	13:30-13:35	公布上午各组得分,登龙虎榜	主持人
	13:35-13:45	前四组团队展示	主持人+前四组队员
	13:45-14:00	推崇老师下午课程+暖场	主持人
	14:00-15:10	领导人的12个特质(下)	主讲老师+PPT
	15:10-18:30	领导人的25个潜质	
	18:30-18:40	总结老师下午课程+推崇晚上课程	主持人
晚餐休息	18:40-19:40	晚餐	

续表

晚上课程拓展训练	19:40-20:00	主持人暖场不用太爆，稍微温柔点，邀请老师	主持人
	20:00-20:10	跟学员们宣导，梳理思路玩个游戏	主讲老师
	20:10-21:30	报数游戏共四轮	
	21:30-22:10	感恩宣导+父母+队长+领导人+品牌老大	
	22:10-22:40	感恩创始人+系红丝带	
	22:40-22:45	致辞+结束	
会议第二天上午	8:20-8:30	学员进场	主持人
	8:30-8:35	公布分数，登龙虎榜	主持人
	8:35-8:45	团队展示三组	主持人
	8:45-8:55	暖场+推崇老师课程	主持人
	9:00-10:20	老师检查作业+评分+加分	
	10:20-10:25	主讲老师推崇辅助老师	主讲老师
	10:25-12:30	降龙十八掌	辅助老师+PPT
	12:30-12:40	总结上午课程+推崇下午课程	主持人
午休	12:40-14:00	午休	
第二天课程下午	14:00-14:10	公布分数登龙虎榜+团队展示三组	主持人
	14:10-14:15	暖场+推崇老师课程	主持人
	14:15-15:00	金钱游戏	辅助老师+PPT
	15:00-16:30	风雨同舟	辅助老师+PPT
	16:30-16:45	总结+邀请老师	两位老师
	16:45-17:10	颁奖	主持人+老师
	17:10-17:30	拍照合影留念	主持人+老师
	17:30-结束	毕业证书签字	两位老师

　　课程单元设计的优劣直接影响培训效果的好坏和学员对课程的评估。课程单元设计需要遵循逻辑，使其在单元中有亮点，同时在整体风格上有统一的把握。在完成课程的单元设计后，还应对需求分析、课程目标、整体设计进行阶段性评价和修订，以便为课程培训的实施奠定基础。此外，设计多种互动交流环节，会让课程更加生动精彩。

2.2.3 课程内容填充

内容是课程的主体，培训内容一定限于学员可接受的范围，采用最适合课程、同时又最易被学员接受的培训形式。要根据微商的特点，培训的形式以线上为主、线下为辅。

课程内容的来源：

1. **行业书籍**：搬运加组装（要合理合法）；
2. **培训课程**：去微商学院学习；
3. **课程复制**：聘请专家讲课，学习复制；
4. **经验总结**：植入调研案例、经验、观点。

课程价值的体现源自课程内容的干货营养，一堂思维缜密、实操落地的微商课程，势必应囊括主题落地方案、实操流程和案例描述等，能够让学员听完课程之后，照搬技能亦可得到物质与精神的双重收益，才可谓是精品课程。

课程内容要时时更新，以适应发展趋势，保证课程中讲的是最新的行业资讯、经实战最实用的应用工具，确保课程的权威性。

 例 课程内容的填充方式可套用下图

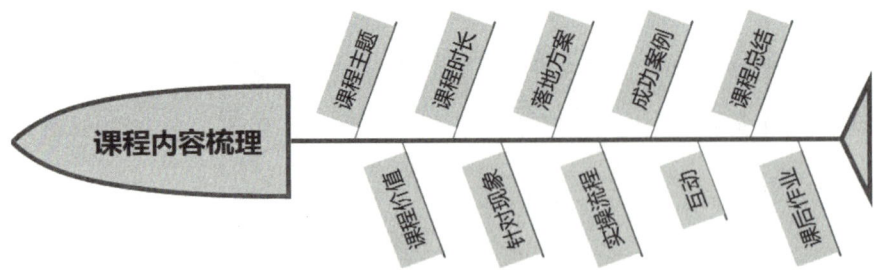

图 2-3 课程内容框架梳理轴

例 微商课程开发的大纲可四步成型

第一步,一个案例开场。一开始的内容一定是案例,案例的目的是扩大听众的梦和痛,梦在这里,痛在这里,听众越痛越想要,就越愿意听你的课。

第二步,树立讲师权威。通过案例的剖析,让听众觉得老师很懂我,很理解这个行业,还有独到的经验。当然还要树立一个观点,以激发听众的聆听欲望。

第三步,告诉方法工具。就是方法工具分享,要注意重点的罗列。

第四步,行动与互动。也叫作演练,当讲完这个方法以后,不知道学员有没有听懂,更不知道学员回去以后会不会主动去做,那就需要进行布置一个作业给学员进行培训效果评估。

2.3 课程编排指导

在很多微商团队里,新手打造方面的课程编排设计得很多,但是接下来就没有其他课程设计了。即使有也是捡到哪块讲哪块,讲得最多是专业课和销售技巧课,给人感觉就是不成体系,这对微商代理的成长极为不利。

2.3.1 课程五维设计

一个课程就是为了解决某一层级某一项目中的某一问题:不同级别应该听什么课程?这些课程之间有什么关联性?一个级别的课程总共应该有几门?先后顺序应该如何排序?我们把这个排序的规则叫作五维设计,也就是说每个级别课程都有五个维度。

第一个维度:讲心态。心态课解决的是让代理意识到很需要学习后续的课,感觉到自己当下的痛点,自己的梦想很开阔、很远大。

不同级别的心态课是不一样的,初级的心态课讲创业者心态;中级管理者心态课讲管理者的思维,不要把自己陷入到零售的小角色里,而是去帮助下面的代理把零售用户转化为代理,构建自己的团队;高级管理者应该开导下一层级管理者在得失之间权衡,引导他们走出小圈子,不断拔高自己的思维格局,进而看到整个行业的未来。所以,不同级别的心态是有差别的。

第二个维度：讲规则。 规则可以理解为制度或流程。每个级别的代理都需要跟官方对接，跟不同的上下游对接，都需要遵守规矩。每个品牌方都有自己的个性和制度，但是首先要让不同级别的代理知道自己应该遵守哪些规则，应该知悉具体的工作对接流程。

第三个维度：关于公司和产品介绍。 一个新手刚进来，应该教会他如何用最简单、最标准的话术来介绍公司品牌和产品，也应该教会中高级管理者站在整个行业的高度来介绍公司品牌优势和产品品类特色等内容。

第四个维度：讲技能。 这一板块就是经常讲的朋友圈打造、零售技巧、微信群管理、引流技巧等诸如此类的操作方法。技能在不同的级别，操作方法也是不一样的。同样是朋友圈打造，新手的朋友圈打造跟领袖的朋友圈打造能一样吗？肯定不一样！背景、昵称、分享等晒出来的内容都不一样。

第五个维度：晋级激励。 晋升激励也可以理解为梦想激励、目标激励。微商培训最终的目的是让代理不断地往前走，不断晋级。学了这么多，最终要去做，所以，在每个级别培训结束以后，一定要帮代理做单个级别的职业规划。没有规划就会野蛮生长。为了晋级，就必须要定年目标，月目标，周目标，要完成这些目标，必须要做学习哪些课程等。这个是最落地的一环，也是让代理最终学完能够运用到实践当中最关键的一环。

2.3.2 课程进阶路线

在微商成长中应该进行课程层级进阶编排设计，通常可以分为四个层次：新人入门（初级）课程、代理成长（中级）课程、团队长（高级）课程、公司化运营（特级）课程，在高级方面就可以将课程再分成线上和线下课程，这样的设计就比较系统了。目前大家所谓的专业课、技能课、心态课等课程，不能称之为培训项目，只能称之为某一项目里面的某一个课程。

例：

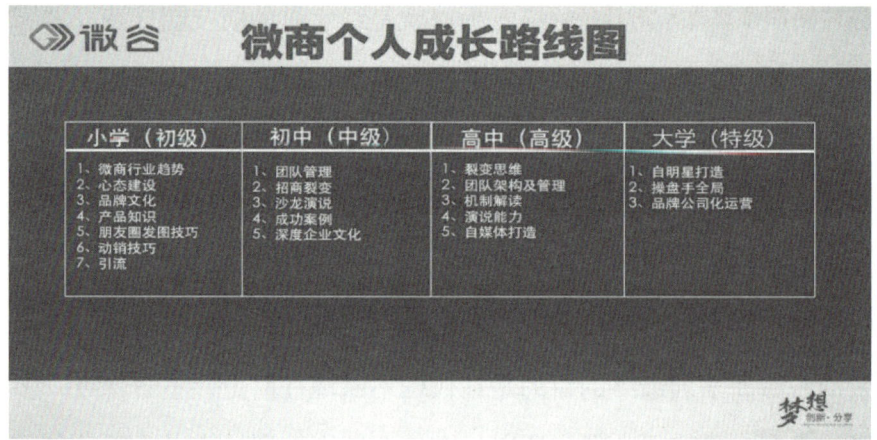

图2-4　微商个人成长路线图

微商历经多年发展到今天，从业者中难免会有资深从业者和初级入门者，因此，搭建一套循序渐进的教育进阶体系尤为重要。微谷作为全国知名的微商服务平台，专门成立了微商研究院，对微商品牌团队的现状需求进行了大量调研，规划出了微商个人的四个阶段成长路线图，设计出了微商课程的四个进阶层级，编排出了一套从0至10000的微商教育成长轨迹饼图，以供品牌方课程体系研发及编排所用。

 例：微商教育成长轨迹饼图

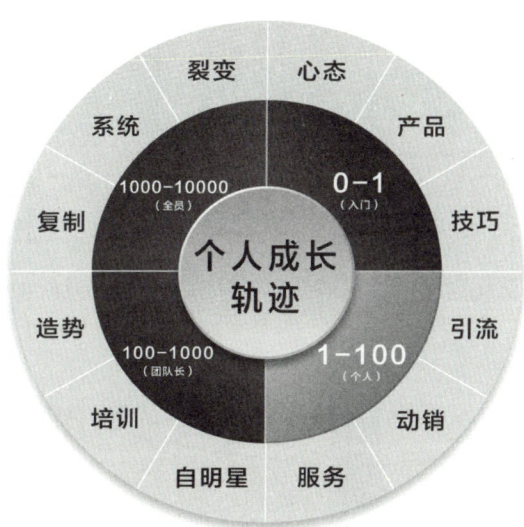

图 2-5　微商教育成长轨迹饼图

"0-1"是指从还未做微商，到成为一个微商的过程。受众群主要就是微商新手，课程的重点就应该放在如何打造新人线上训练营。这个阶段的课程会包含微商行业趋势课、心态建设课、品牌文化课、产品知识课、朋友圈发圈入门课、零售技能课以及工具操作课等。

0-1（入门）阶段要旨：如何打造七天线上训练营。

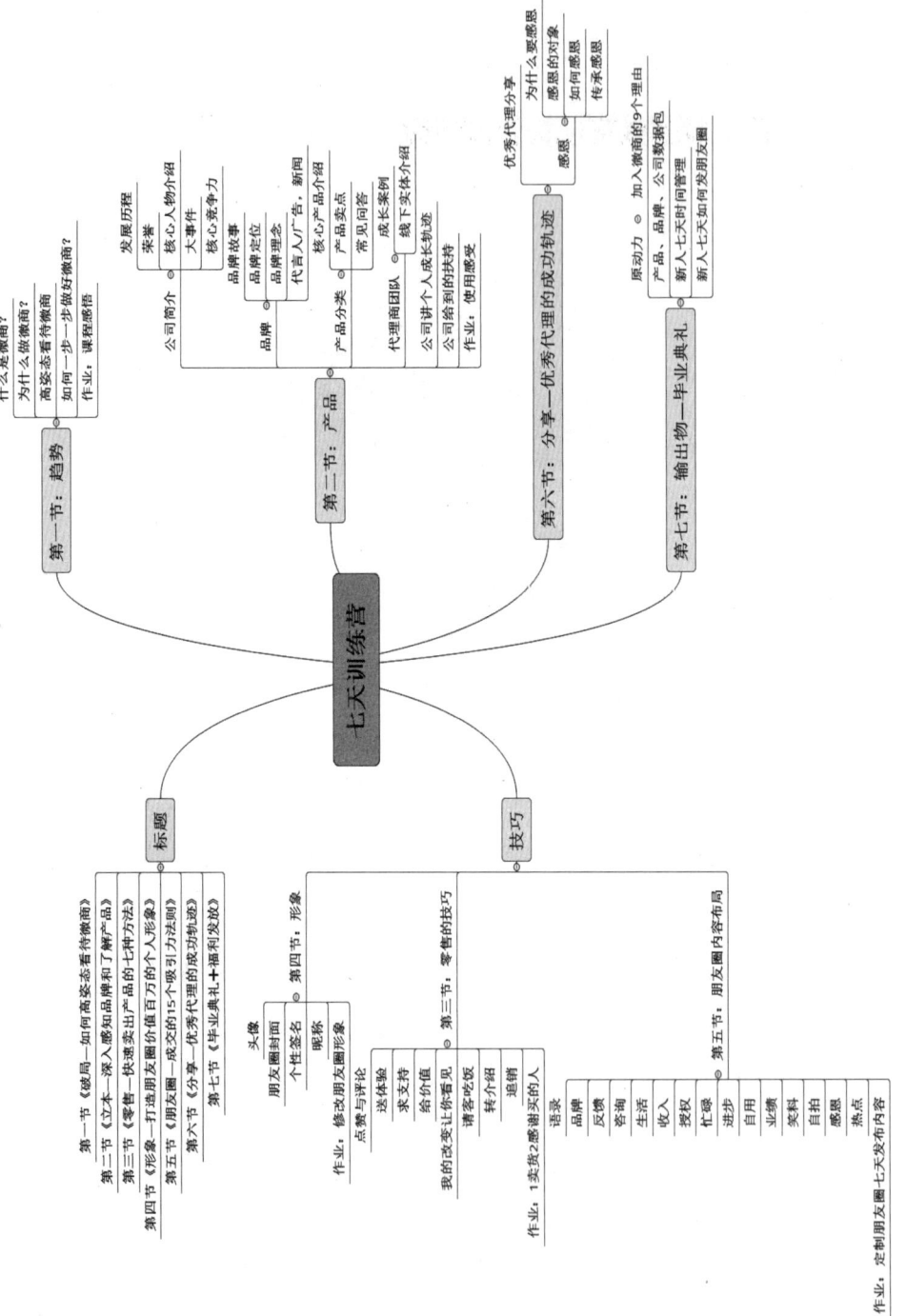

图 2-6 七天训练营思维导图

知识技能

1. 经历七天线上训练营的课程学习，理解微商的定义，了解微商行业趋势。

2. 增进了解企业和品牌，掌握产品相关知识，能够结合品牌做好自身定位及朋友圈设计。

3. 学会产品零售必备话术，熟悉快速出货技能和渠道。

问题解决

1. 消除微商从业顾虑和对品牌、产品的陌生感。

2. 能在老师的指导下，从日常销售中发现和提出相关问题，并尝试解决。

3. 了解零售的基本方法，知道同一个问题可以有不同的解决方法，并选择适合自己的方法。

"1-100"是指从一个人打拼，到逐渐有了自己的团队，招募到了100个代理的过程。这个阶段是偏向于实践出业绩的阶段。必须强化线上、线下的引流技能，动销成交的技能，客户服务和代理服务的技能，同时提升招商裂变的思维和对企业文化的深度认知。相应设有引流课、销售课、朋友圈营销课、微信群招商课、线下地推课、服务课等。

1-100（个人）阶段要旨：如何招募到100名代理。

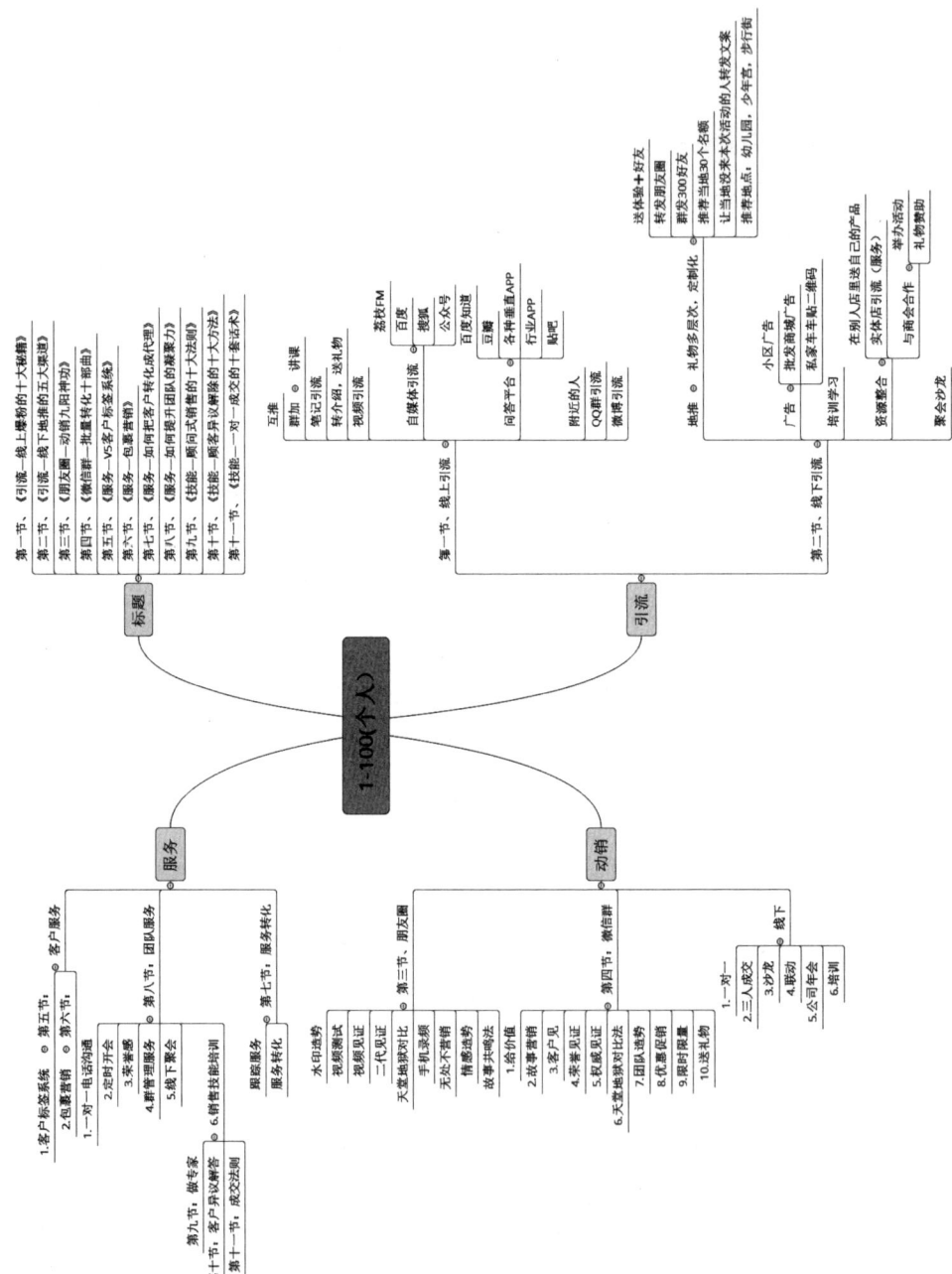

图 2-7 1-100（个人）成长思维导图

知识技能

1. 体验学习过程，认识招代理的重要性。

2. 线上线下引流增员的方法。

3. 批发式成交话术，服务转化，团队组建。

4. 熟练使用朋友圈、微信群、线下渠道等方式促成良性动销。

问题解决

1. 尝试从学习实践中发现并提出问题，并运用相关知识技能加以解决。

2. 做好服务端，从客户服务——服务转化——团队服务，解决因服务产生的困难。

3. 通过代理招募分担阶段性产品库存瓶颈。

"100-1000"是指从百人小团队长到千人大团队长。这个阶段更多是自动自发地裂变。培训重点是提升思维和格局，以及团队的组织管理能力。学会做自媒体、自明星的打造，深度认识到用机制来管理团队迫在眉睫，扩大朋友圈造势的裂变格局，训练销讲演说能力和小沙龙招商能力，让团队不断扩张，同时增设一些自明星孵化课、演说培训课、讲师训练课、团队管理课以及沙龙指导课。

100-1000（团队长）阶段要旨：如何打造千人团队。

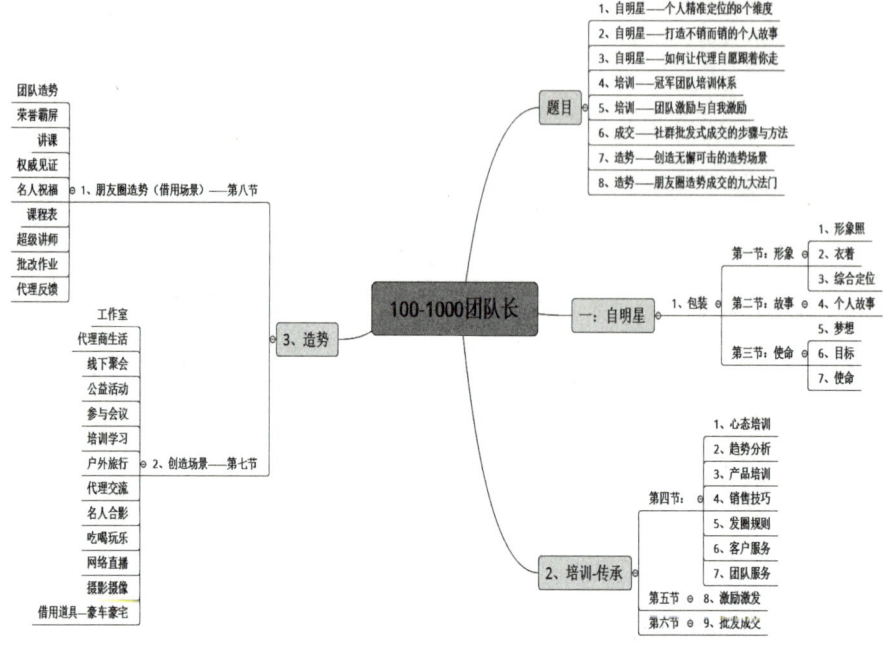

图 2-8　100-1000（团队长）成长思维导图

知识技能

1.掌握必要的领导演说技能，对管理团队驾轻就熟。

2.探索具体问题中的代理成员关系和市场变化规律，掌握大咖微商的朋友圈表达技巧。

3.体验具体情境中锻炼出各种思维的过程，对造势思维的内在含义有深刻理解。

问题解决

1.经历从不同角度寻求、分析问题和解决问题的方法与过程，体验解决问题方法的多样性。

2.从领导的角度统筹团队规划，发现问题和提出问题，增强应用意识和实践能力。

3. 通过培训方式，维持团队素养及技能的相对同步。

4. 能针对他人所提的问题进行反思，形成评价和反思的意识。

"1000-10000"是指从千人团队长成长为万人团队创始人。也是一个团队发展的自动裂变，可以说是全员裂变。这个阶段就要有公司化运营的思维来巩固。必须学习推动品牌运营的操盘手课程和强化团队凝聚力的领导力课程，还需要具备召开招商会或内训会的能力。

这时就需要考虑通过商学院的构建，用教育培训来支撑未来品牌和团队的可持续发展。这个阶段的课程培训偏向于线下实操课，领导力、操盘手、招商内训课、商学院指导课、公司化运营思维都是这个阶段特别需要的。1000-10000（全员）阶段要旨：万人团队自动裂变。

知识技能

1. 探索并掌握团队模式的性质与判定。

2. 探索并掌握运用现场演说销讲方法。

3. 探索并理解操盘手以及总裁管理。

4. 掌体验数据收集、处理、分析和推断过程，进一步摸清市场规律。

问题解决

1. 突破团队裂变瓶颈，形成团队全员自动裂变系统。

2. 熟悉公司全年运营节奏，根据团队现状制定推广计划，规避竞争风险。

3.妥善处理团队自循环培训问题,能较好地理解他人的思考方法和结论。

4.握大咖微商的朋友圈表达技巧。

5.体验具体情境中锻炼出各种思维的过程,对造势思维的内在含义有深刻理解。

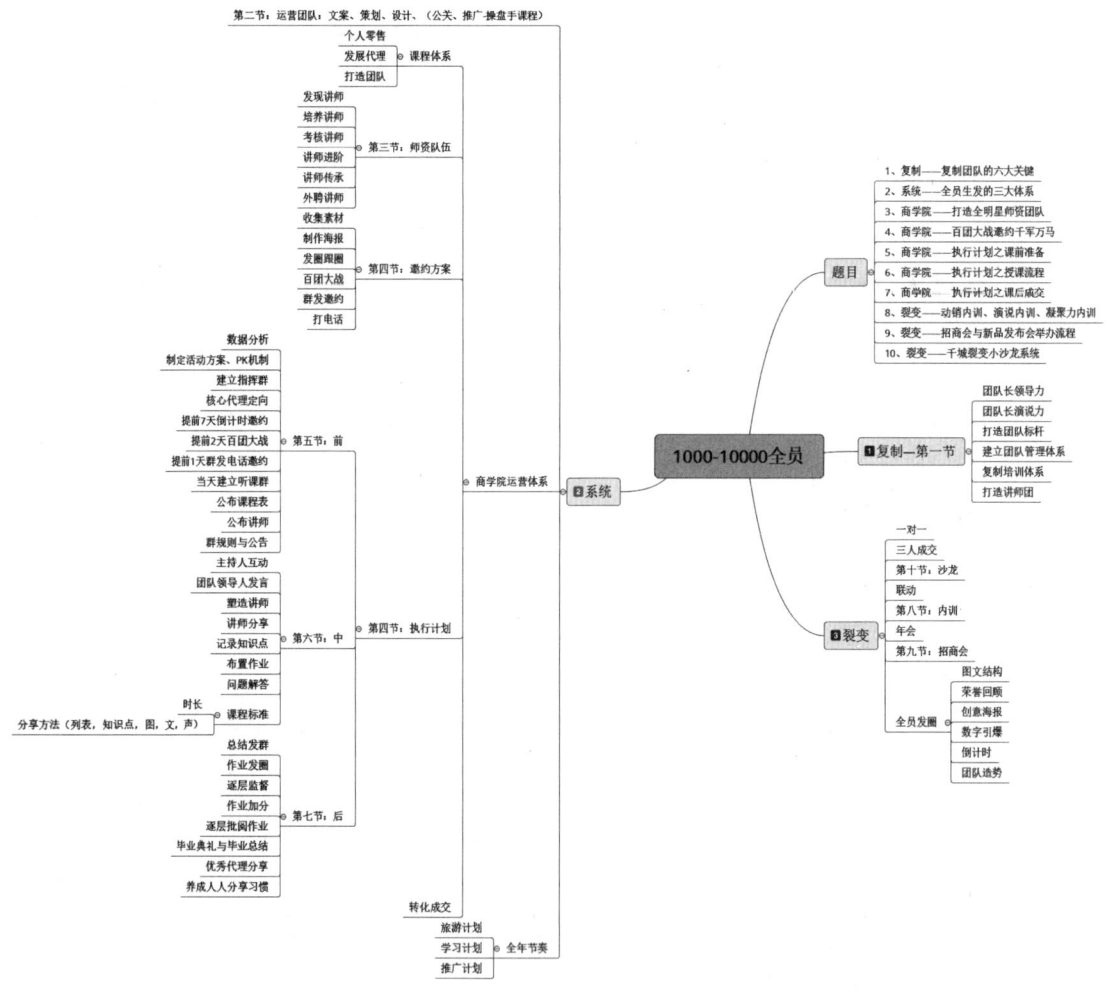

图 2-9 1000-10000(全员)成长思维导图

》本章小结

本章主要介绍如何构建培训课程体系。课程体系是商学院系统构建的核心组成模块，需要不断优化规范。微商成长是一个过程，教育培训需要规划，课程体系需要设计，课程内容需要研发。发展到千人团队、万人团队时，就必须要通过构建自己的品牌商学院来掌控大盘。未来的微商品牌只有对教育体系更加注重，才能稳扎稳打地走在行业的前沿。

第3章
建立师资队伍

微商要做好,教育要先行。教育大计,师资为源。建立优质的讲师团队,才能培养一流的微商团队。讲师团队的建设目标,可按照"引进、培养、借智"的人才队伍建设思路,提高讲师团队素质,优化师资架构,终极目标是让每个代理都能成为优秀老师,带好自己的小团队,处理好自己的事务。

但纵观目前众多微商品牌的教育现实,能够以公司层面组建强大讲师队伍的甚少,师资力量的薄弱,导致课程的传授多数仅以大代理的分享支撑。老师水准的参差不齐和不规范,让课程的含金量大打折扣。很多微商品牌旗下有不少爱分享的大代理,能力强口才佳,却苦于培养无术,才能得不到更大程度的发挥,白白浪费了优秀才华。

微商的讲师就如同中国古代的军师,举手投足之间就可以令敌军丢盔卸甲,让一个国家土崩瓦解。微商讲师一方面用智慧助人拨开迷雾,看清未来;一方面又像技能教练,培养一支骁勇善战的军团。

3.1 讲师来源

微商讲师大致可分为专业知识型、营销技能型和梦想激励型三大类,讲师须有自己的定位和专长。鉴于微商行业对讲师的需求量日渐加大,外部招聘和内部选拔机制需同步展开,引入优秀的专职讲师资源,同时培养优秀代理成为讲师储备力量。

3.1.1 全职招聘

一位训练有素的微商讲师,能够给品牌和团队带来的价值是不可估量的。作为微商品牌总管,要把1/4的时间花在吸引人才上面,用品牌文化、市场竞争力去吸引拥有相同价值观的人,来共同实现品牌目标。招聘的方法多种多样,线上招聘和线下识才可并行,尤要其利用好微商培训机构人才输出渠道和业内同行推荐,才更能觅得心仪讲师。

讲师的招聘原则和上一章所提课程体系需求应相匹配,充分考虑经销商思维,经销商需要什么样的技能和知识,从而为之定制专属课程和该领域的讲师。全职的讲师有助于讲师与品牌的成长同步,更熟悉企业品牌和产品,贴近代理的学习进阶。

同时,企业对全职讲师的培训和管理也更便捷有效。根据企业品牌的全年运营节奏,全职讲师不仅应承担常规化课程(如品牌文化课、产品课程、销售服务类课程、专业知识课程等），还需配合企业活动和大事件节点，做密切的教育相关配合。全职讲师不参与产品销售，专做授课、研发和课程答疑。

品牌商学院的筹建工作应以全职讲师为主指挥，在商学院十大系统的统一指导下，逐步完善讲师梯队建设。作为组织的正式员工，每一个全职讲师都要有完善的职业培养规划和进阶规划。对于优秀的全职讲师，可考虑给予一定的公司股份，这样有利于其长线发展。

 例：《讲师背景调研表》

表 3-1 讲师背景调研表

讲师背景调研表			
姓名：		出生年月：	填表日期：
毕业院校 + 学历		参加过的行业培训	
有无实战培训经验（有/无）		擅长课程领域	
主讲线上课 or 线下课		平均每月讲课节数	
业内名师推荐信（有/无）		客户满意度反馈（有/无）	
服务过的品牌/团队罗列			
备注			

3.1.2 经销商兼职

微商团队要做大做强，仅靠公司直属全职讲师的力量显然不够，经销商讲师的培养是微商"分享经济"的必然结果。

由优秀代理兼任团队讲师的好处：

解决了用户思维的顾虑。 课程体系所强调的，就是用户思维。讲师不应该是"我想讲什么/我能讲什么"，而应关注"听的人想听什么"。让经销商做讲师很好地贴合了这一点。

提升自我的分享能力和实战能力。 微商提倡人人分享，越能做公众演说的人，越能收获意想不到的成绩。团队中能做讲师的人，都是最擅长于成就分享的人，下属代理一定不少。换句话说，销售业绩肯定不低。讲师的职能需求显然对代理提出了更高的要求。经销商讲师的选拔就是要将团队中口才最好的、实战经历最丰富的、销售业绩最棒的、最爱学习进步最快的人提拔出来。

个人形象得到极力塑造。 尊师重教乃中华民族传统美德，当你成为讲师的那一刻起，肩上就承载了师德的重担，也同时享受着荣誉和光环。如果你能给团队讲公开课，以讲师身份、专家形象示人，你的客户和亲朋好友又怎能不对你刮目相看呢？

一举两得增强团队凝聚力。 每一次课程的分享和经验的交流，都能让你和团队成员的心贴得更近，利他的发心终将收获并肩的联盟。

例经销商讲师的选拔流程可参考以下步骤和要素：

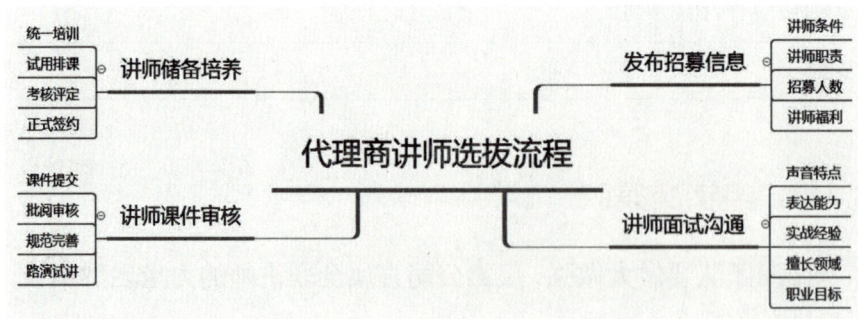

图 3-1　经销商讲师选拔流程

3.1.3 名师特聘

除了品牌自有的专职讲师和经销商讲师队伍，不可或缺的教育资源少不了业内知名讲师的课程引入。不论是线上多日的"套课"（我们可通俗地称单节成型的课程为"散课"，多节课联动多日开讲自成体系的课为"套课"），还是线下的招商课、内训课、演说班、领导力培训课程等，业内知名培训机构或者行业名师都有已成熟的课程范本，如何取其精华为我（为代理们）所用，是品牌方需要思考斟酌的问题。

我们说课程是需要标准化可复制的，尤其是线上课程，需要让代理们形成自循环的培训体系，就必须有标准化的课件让其复制并学会诠释。但讲课是一门技能，并非一朝练就。偷师名师大咖之精华，最直接的方式就是特聘名师来亲自授课一次。名师授课对于微商行业来说，有几大优势：

增加企业品牌/经销商的信任背书。能聘请行业大咖来授课，无形中是为品牌提供了一次绝佳的宣传机会，提升微商品牌的业内外知名度和认可度，也给经销商造势提供了很好的素材。

课程不再闭门造车。一位天天在外授课，见多识广的讲师更能把脉整体行业的趋势和动向，能给品牌带来焕然一新的理念和行业定位。

课程标准化有了参考范本。名师特聘的定制化线上、线下课程，给品牌自有专职讲师也做了参照模板，且更具权威性和精准度。内部学会消化名师课程 PPT 和文档，可以让课程具备可复制性和传承性。

3.2 讲师包装

包装讲师是为了让学员更快认知讲师，建立向心力。讲师包装也可沿用"自明星"打造思路，为了让学员重视讲师的课程，对讲师树立崇敬感和尊重态度，我们务必对每位讲师做好定制包装。

讲师包装可从标签提炼和形象打造两方面定位。

3.2.1 标签提炼

标签提炼是讲师塑造个人定位的一个常用方法，精炼醒目，给人留以深刻印象。标签提炼可涵盖头衔提炼和个人简介提炼。

1. 展示专业领域地位

格式：区域 + 地位 + 专业领域 + 门类

如：徐东遥 微谷巨星讲师 中国微商教育第一人

区域：世界、中国、北京等

地位：著名、知名、实力、高级等

专业领域：实战营销、内训管理、广告策划等

2. 展示关键职位

格式：企业名称 + 职位名称（职位名称是多方面信息的展现方式，同时也是让渡价值的好方法）。

如：郑金华 微谷集团董事长

3. 有条理的个人简介

根据不同的用途进行必要的编排组合，强化学员认知的信息。

编排组合：姓名＋讲师定位＋曾任主要职位＋所取得核心业绩＋核心观点思想＋社会影响力＋客户评价等。

如：金迹人，微谷教育联合发起人，现任中国电子商会微商专业委员会教育与考试中心主任。

在移动电商领域，具有丰富的咨询、培训和实战经验，对微商运营模式、品牌整体操盘等方面有独到见解，主讲课程：《自动运转微商代理模式》《微商成功八步》《中国微商操盘手》。为幸福狐狸、立白、浪莎袜业、梦娜袜业、猫人集团、艾尚臣、洛娜思、名美服饰、君和缘等50多家微商品牌运营指导和系统培训。被誉为中国微商模式诊断第一人，指导品牌在起盘、增盘、巩盘阶段模式的运作。

导师简介

中国微商专委会教育与考试中心主任
中国微商模式诊断第一人

- 擅　　长：微商企业系统化运营　微商模式诊断和设计
  系统指导品牌在起盘、增盘、巩盘的运营节奏
- 主讲课程：《传统企业如何转型移动电商》
  《微商团队自动运营系统》《微商模式运用八步》
- 课程风格：睿智儒雅　娓娓道来　循序渐进　有深度　有格局
  达到不销而销的自动成交

金迹人

课程主要内容：
- 定制微商商业模式
- 从人性的根本出发　深度解决团队的原动力　增加动力　化解阻力
- 真正实现团队的自动自发运转
- 微商运营模式　品牌整体操盘

课程目标：
- 根据企业　团队　产品现状现场生发出企业的魂　团队的魂　个人的魂
- 一句自动销货模式　根据自己产品设计出瞬间引爆朋友圈　达到疯狂自动销货的语句
- 一个独一无二的定位　现场设计出个人独特定位营销方法　让客户主动找你
- 让团队每个人都为自己拼命工作　像高铁一样每个环节都有持续原动力和推动力
- 让所有伙伴在3小时内全部会讲招商课　而且有持续自动运作的具体方法
- 一套自动成交的团队裂变系统　让客户和团队不需要讲解或激励　自我成交的核心系统
- 一套让代理变老板的的疯狂计划　让顶级人才和团队长向你涌来
- 真正的实现爱与感恩的文化体系

品牌培训案例：

图 3-2

3.2.2 形象包装

在视觉时代，个人形象就是你的品牌。个人包装离不开形象打造，这里我们谈到的形象，包含了个人外在形象、图文影像包装、借力形象优化等。

1. 个人外在形象

图 3-3　个人形象图

首先，当课程与交流走到线下时，讲师就应对观众的视觉审美负责。着装要求合身得体，整洁美观；颜色可以素雅、艳丽，但不花哨；面料优良、做工精细；庄重大方，不奇装、不暴露。讲师在选择着装时，应该注意符合自己的个人风格，且最好能保持一种固定风格，以此加深大众印象，打造个人品牌。

图 3-4　讲师形象照

其次，良好的妆容在公共礼仪上，也是对他人的尊重。女讲师画淡妆，男讲师可画局部妆。女讲师可以整理优美的发型，清新自然的面部妆容，个人的自信浑然天成；男讲师要注意发型利落精神，不宜满脸油光，配饰不宜过多。

再有，培养个人的风度。它主要取决于人的气质、礼仪、口才、形象等，是最直观的素质。每个人都希望自己具有风度，风度只有通过打造内功拥有实力才能具备。风度是掩饰不住的，因此，讲师应时时修炼内在。

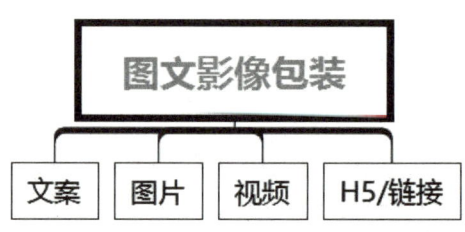

图 3-5　图文影像包装

2. 图文影像包装

讲师的推广包装离不开专业性的图文影像企划。文案、图片、视频、H5、公众号链接制作等。

文案的包装主要体现三个用途：个人知名度、邀约学员、推广介绍。注意文案需从专业领域、个人经历、成就荣誉、主要课程的维度，塑造讲师的个人价值，有了这些资料，邀约人员可以从这几个方面向意向学员介绍讲师，达到成交的目的。文案的传播推广渠道还包含新闻源、百度百科、公众号等。

图片的阅览效果往往比纯文字的功效提升三倍以上，图片包含了讲师的形象照拍摄以及专属课程海报设计。图片不仅可以在朋友圈、微博、公众号等途径快速传播，也便于会场布置必备的海报和易拉宝等物料的筹备制作。利用天天向商等微商常用制图APP也可快速套用模板出图。

随着微信朋友圈10秒小视频的版本技术更新，微信朋友圈的视频保存和转发极大方便了讲师形象宣传。除了小视频的革新运用，对于讲师个人宣传片、课程精选介绍片等长视频，也是讲师数据包的必要资料。

H5的最显著优势在于跨平台性，用H5搭建的站点与应用可以兼容PC端与移动端。用H5页面制作讲师简介，不仅能兼具类似PPT的展示功能，还可生成二维码和链接用于分享到微信、微博等。除了讲师简介，还可制作课程邀约信，感谢卡和电子相册等，是微商讲师包装不可或缺的一部分。

公众号链接相当于是讲师的一个履历窗口，可以将讲师简介、课程影像、文字介绍统统往里填充，并且可以不断更新迭代。每个讲师的介绍链接相当于一篇公众号软文。当有学员或者客户需要了解讲师资料时，只需将此篇介绍链接发送给对方即可。

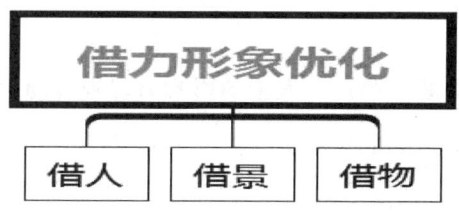

图 3-6 借力形象优化

3. 借力形象优化

除了自我的形象塑造，还可以通过借力的方式来提升职业高度。如果能够简明扼要又面面俱到地展现你的工作生活，即便是陌生人，也可以通过你的这些日常来认识你、判断你。因此作为一个讲师，从职业生涯开启的第一天起，就应该注意信息工具的合理运用，优化好你的形象。

借力形象的优化打造包括擅用借人、借景、借物的方式。

图 3-7　借力形象优化（续）

借人，意指借助行业知名人士的影响力，来辅助提升自己的身份。借人的形式可以是知名人士的推荐，共同参与的活动记录，与业内大咖的合影等。好好利用业内交流的机会，广交良师益友，能有效提升个人形象价值。

借景，意指借助地标、群体、场面来宣传。微商讲师因行业的特殊性，经常需要参与各地外派授课，以及参与一些业内活动。在不同城市不同活动中穿梭，如能有心借景记录工作，也能收获不错的职业认知感。

借物，意指借助能有效证明讲师身份和级别的物件。例如，讲师的工牌、台签、名片、学员的感谢信、课程的反馈截图、获得的职业证书和奖杯等。借物虽然不及借人借景来得摄人眼球，但打动人心的，往往来自细微处的营造。

3.3 讲师培养晋升

3.3.1 培养原则

任何培养体系都需有一定的培养原则，原则的建立，是规范讲师进阶的参照准则。针对微商讲师的职业特点，培养原则主要有三点方向：形式由线上到线下，讲课时间由短到长，经历由小会到大会。微商讲师靠的是需求谋发展，有志向高远的目标，也要有脚踏实地的信念。

1. 由线上到线下

微商的兴起，使在线教育得到前所未有的发展，线上授课已经被广为接受，线上授课方式可包含微信群、YY语音、千聊、红点等常用工具。各软件各有所长，也各有缺陷，可在实践中摸索最适宜的为己用。

线上授课因为无须和听众面对面，讲师的压力相对较小。只要课件准备充分，通常都能顺利把控；但也因为无法直接面对听众，让讲师和学员双方都容易缺乏状态；线上授课有一定的延时性，也会让互动效果打些折扣。

线下授课则多用于沙龙、团队内训和品牌招商会。有了线上的历练，想必讲师已经对课件的内容以及对课件的反馈有了充分的准备，这个时候只差给你一个真正的舞台，去更真切地感受公众演说的魅力。

一旦你的专业、信念和态度调整到了一个最佳的状态，就是线下培训的最佳时机。因为线下培训除了讲师个人的付出，还离不开会务工作的筹备，以及主持人、DJ 等的辅助，线下培训让沟通更直接，互动更立体，往往收到的课程效果也是最理想的。一场成功的线下招商会，可以给品牌带来非常高的盈利，而能掌控线下授课并能创造丰厚业绩的讲师，身价也将会水涨船高。

2. 时间由短到长

讲课时间由短到长不难理解，从线上到线下，是一个课程积累和升级优化的过程。线上单次课程的时长通常是半小时到一小时，太短则显得课程营养不足，太长容易造成听者的疲惫感，反而容易让人分心。线上课程要预留出归纳总结知识点和解答互动的时间，因此掌控时间对讲师来说也是一个技术活。单次"散课"驾轻就熟之后，可考虑向多次"套课"形式丰富课程体系。

到了线下阶段，授课时间自然会相继延长。一来是因为组织一场线下活动不易，课程编排会更丰富；二来因为多了近距离面对面的这层关系，互动能效性也将增强多倍。

线下沙龙形式多样，场地选择也可相对悠闲随意。沙龙讲座的时长可以是 1 到 2 小时，除了专业课题的讲授，可以给互动交流腾出更多的时间，只有彼此了解逐渐深入，成交就容易达成。

线下招商会通常是半天到一天的时间，其中可安排讲师进行 2 到 3 小时的销讲。

线下内训则通常安排两天一夜或三天两夜的时间，线下内训可以安排多个讲师，也可由一个讲师来全面兼顾各环节。因为内训会加入各式分组 PK 赛、游戏环节、感恩互动等，对讲师的综合要求相当高。

3.3.2 培养步骤

1. 从主持人做起

主持人是微商课程中不可或缺的一个角色，不论是线上或是线下课程，主持人都起着承上启下、造场、控场、圆场的职能功效。不同风格的讲师，对于主持人给予配合的程度有不同要求。从主持人做起，熟悉讲师的讲课流程和风格思路，同时也能更多关注细节问题，最重要的是能够慢慢找到讲课的能量场和节奏，便于为正式讲师身份铺路。

一个优秀的主持人同样可以建立良好的个人品牌，拥有自己的粉丝，为日后成为一名讲师做信任背书。同时，在主持人阶段就可锻炼自己面对突发状况的应变能力，只要能熟练控场，就已经具备了成功讲师相当重要的一项技能。

表 3-2 主持人晋升标准

级别	主持人
	满足条件
实习转高级	1. 跟场学习 2 场
	2. 实际路演达到 2 场
	3. 现场评委：特级主持人 2 人；明星级主持人 1 人；特级音控 2 人；明星级音控 1 人。
	4. 评委所打平均分不低于 80 分。
	5. 评分分数和评委文字点评计入晋升档案
高级升特级	1. 线下实际出场场数达到 10 场。
	2. 满意度平均分不得低于 80 分。
	3. 无客户不良反馈（投诉或口头批评）。
	4. 实际路演 1 次： 现场评委：特级主持人 2 人；明星级主持人 2 人；特级音控 2 人；明星级音控 2 人。 评委所打平均分不低于 80 分。 评分分数和评委文字点评计入晋升档案。
特级升明星级	1. 线下实际出场场数达到 15 场
	2. 满意度平均分不得低于 85 分。
	3. 无客户不良反馈（投诉或口头批评）。
	4. 实际路演 1 次： 现场评委：明星级主持人 2 人；巨星级主持人 1 人；明星级音控 2 人，巨星级音控 1 人。 评委所打平均分不低于 85 分。 评分分数和评委文字点评计入晋升档案。
明星级升巨星级	1. 线下实际出场场数达到 30 场。
	2. 满意度平均分不得低于 88 分。
	3. 无客户不良反馈（投诉或口头批评）。
	4. 实际路演 1 次： 现场评委：明星级主持人 2 人；巨星级主持人 2 人；明星级音控 2 人，巨星级音控 2 人；部门经理至少 2 人，研究院院长。 评委所打平均分不低于 88 分。 评分分数和评委文字点评计入晋升档案。
	注：明星级晋升巨星级需招募一位新人

2. 内部模拟演练

通过线上、线下主持人阶段的历练，对正式讲师的学习模仿，以及相应的心理建设之后，当你觉得一切已准备好，你就可以着手预备自己的课件，提交课程内部演练申请。内部模拟演练非常重要，通常单次线上课需要模拟演练10次以上，线下课则提出了更高的要求，通过率较低。以内部模拟演练的方式收集听者反馈，发现讲课中的问题，或是课程隐含的内容漏洞，直到参与评判的听众觉得一致通过为止。

内部模拟演练的听众团队选择，除了讲师团同事以及课题研发的参与人员，还可考虑加入课程目标受众群的学员代表来共同试听，以确保课程反馈的全面性。

试听听众可以对讲师授课的内容、效果以及流程安排等提出意见和建议。制定规范的试听评判表，探讨课程内容的优缺点，讲师授课表现的评定感受。

例：《试听评判表》样本

表 3-3　主试听评判表

课程基本信息					
序号	课程名称	上课时间	讲师姓名	听课门槛	意向代理转化人数
1				（　）元	
课程总体综合评价					
序号	项目				评分 1-10 分（10 分为满分）
1	课程节奏的合理性				
2	课程目标的明确性				
3	课程整体的满意度				
4	讲师授课的逻辑性和连贯性				
5	讲师解决学员问题的能力				
其他方面					
您还希望提供哪些方面的培训内容？					
您对本课程的意见及建议？					
您觉得讲师是否具备正式讲课资格？					

3. 竞争机制

讲师竞争机制的建立能有效提升讲师整体专业水准，在优胜劣汰的竞争体系推动下，讲师更能自律发展。良性的竞争机制，有助于品牌师资团队的扩建，筛选出最优质的讲师，让品牌步入良性化运营。

讲师最直接的竞争比拼就是课程竞赛。虽然课程分门别类，但经过一定时间的摸索之后，都可以沉淀为成型的课件规范使用。那么，一课多人就是一种很好的竞争方式。何谓一课多人？就是相同的一个课题安排给不同的讲师授课。同样的一件事，交给不同的人去做，会有不同的完成结果。同样的一个课题，不同的讲师会有不同的授课技巧，不同的案例，全面性和生动性也会存有差异。

一课多人的方式，有效促进了讲师之间的课程 PK 制，还能加速讲师对课程的升级优化。自然，这其中也会有一定的评判标准。根据评判标准，竞争上岗，择优聘用，优劳优酬，以级别定薪。

3.3.3 晋升通道

成长离不开激励，讲师、主持人、DJ 等工种都需有明确的晋升通道，即所谓的成长路线。当每个阶段的相应付出得到回报和达成考核要求，应给予优秀的人才充分的晋升机会。

以微谷为例，我们将级别分为见习、高级、特级、明星、巨星五大等级。

 例：线上讲师的晋升标准

高级讲师：通过见习考核，成为正式讲师。

特级讲师晋升标准：①录制电台，电台以 21 期为周期，连续 21 天录制，每次录制不低于 5 分钟，每次录完发讲师通知群；②微信群路演每月 10 次，往期累计实战 10 次；③线下路演每月 4 次，路演一节课（每周一次）；④一个月客户评价 80% 以上好评；⑤成功培养 3 位见习讲师。

明星讲师晋升标准：①连续录制电台 60 期以上；②微信群路演累计 60 次以上，往期实战 30 次；③线下路演每月 4 次，每次三节课；④一个月客户评价 80% 以上好评；⑤自创一套课件并通过（要有创新能力、创新观点）；⑥优化课程内容；⑦培养3位高级讲师。

巨星讲师晋升标准：①连续录制电台120期以上；②微信群路演累计50次以上，往期实战50次；③线下路演每月4次，每次五节课；④一个月客户评价80%以上好评；⑤自创2套课件并通过；⑥培养10位特级讲师。

 例：线下讲师的晋升标准

表3-4 讲师晋升标准

讲师等级	晋升标准			
	数据	客户评价	评审团考核	参与评价者
高级讲师	主讲线下课程5场以上	80分以上	80分以上	1位明星讲师 2位特级讲师 2位高级讲师
特级讲师	主讲线下课程10场以上	85分以上	85分以上	2位明星讲师 3位特级讲师
明星讲师	主讲线下课程20场以上	90分以上	90分以上	2位明星讲师以上
巨星讲师	主讲线下课程30场以上	90分以上	90分以上	特邀评委

 例：音控（DJ）的晋升标准

表3-5 音控晋升标准

××商学院音控晋升标准	
级别	音控
	满足条件
实习转高级	1. 跟场学习2场
	2. 模拟操作2场
	3. 现场评委：特级主持人2人；明星级主持人1人；特级音控2人；明星级音控1人。

续表

××商学院音控晋升标准	
实习转高级	4. 评委所打平均分不低于80分。
	5. 评分分数和评委文字点评计入晋升档案。
高级升特级	1. 线下实际出场场数达到10场。
	2. 满意度平均分不得低于80分。
	3. 无客户不良反馈（投诉或口头批评）。
	4. 能够解决常见设备问题（调音台、话筒、音响、电脑、投影等）。
	5. 实际路演1次： 现场评委：特级主持人2人；明星级主持人2人；特级音控2人；明星级音控2人。 评委所打平均分不低于80分。 评分分数和评委文字点评计入晋升档案。
特级升明星级	1. 线下实际出场场数达到15场。
	2. 满意度平均分不得低于85分。
	3. 无客户不良反馈（投诉或口头批评）。
	4. 能够解决常见设备问题（调音台、话筒、音响、电脑、投影、LED屏幕等）
	5. 实际路演1次： 现场评委：明星级主持人2人；巨星级主持人1人；明星级音控2人，巨星级音控1人。 评委所打平均分不低于85分。 评分分数和评委文字点评计入晋升档案。
明星级升巨星级	1. 线下实际出场场数达到30场。
	2. 满意度平均分不得低于88分。
	3. 无客户不良反馈（投诉或口头批评）。
	4. 能够解决常见设备问题（调音台、话筒、音响、电脑、投影、LED屏幕、现场灯光等）。
明星级升巨星级	5. 实际路演1次： 现场评委：明星级主持人2人；巨星级主持人2人；明星级音控2人，巨星级音控2人；部门经理至少2人，研究院院长。 评委所打平均分不低于88分。 评分分数和评委文字点评计入晋升档案。
	注：明星级晋升巨星级需招募一位新人

3.4 讲师管理考核

微商讲师的管理考核目的，是为了实现"能本管理"。能本管理哲学的基本点，在于通过有效管理，最大限度地释放人的潜能，实现人的能力价值最大化，是高层次意义上的人本管理。讲师的能本管理，最期待的目的也是为了更优的职能规划。讲师队伍是微商行业的人才队伍，所谓"得贤才者得天下"，在微商行业犹是。

3.4.1 讲师管理

讲师管理可分为三个层面落实，首先讲师需严格按照所签约的经纪合同履行责任和义务，公司对于双方的可分配收益内容明晰，收入分配合理。

其次，讲师业务层面，需有课程满意度考核和阶段性内测考评的要求。

再者就是行政层面，讲师行为需服从公司统一管理。

附：《讲师经纪合同》范本

××商学院讲师经纪合同

合同编号：

签订日期：

甲　方：

乙　方：

鉴于：甲方拥有行业领先微商整体服务众包能力，具有丰富的微商行业资源、强大的微商教育培训师资力量和专业的运营管理经验；

鉴于：乙方拥有一定的社会影响力、丰富的知识储备和演讲天赋，符合甲方讲师经纪业务的签约标准；

基于上述，为了使乙方可以更好地在微商领域全面发展，并使自己的所有各项权益通过国际高水准的有效运作，得到有效的合理开发和保障。甲乙双方经过慎重考虑，在自愿、平等、互惠互利的原则下携手合作，开展代理合作事宜。为使合作顺利进行、双方权益得到法律保障，特订立以下条款，由甲乙双方共同遵守。

一、合作内容

本合约合同签订之日起至　　年　　月　　日，为期　　年。双方就甲方为乙方提供教育培训业务有关的经纪服务进行合作。

1.1 甲方在本合同有效期内为乙方从事微商教育培训事业的独家及唯一经纪公司；

1.2 乙方在本合同有效期内为甲方独家提供教育培训服务；

1.3 本条教育培训业务的内容包括但不限于符合中华人民共和国法律、法规规定的并为之允许的：

（1）各类微商课程的教育与培训；

（2）微商品牌（企业）的咨询诊断顾问服务；

（3）商业活动的主持、出席嘉宾等；

（4）所有已知和未知媒体上的广告及商业活动，如电视、报纸、互联网等；

（5）出席参加的各类商务及公关活动；

（6）涉及乙方的个人形象、肖像权、名誉权、著作权的一切事务活动；

（7）其他一切可能会对甲乙双方的权益和收益产生影响的商业活动、公益活动，以及会对甲乙双方在公众和媒体产生影响的一切事务活动。

1.4 甲乙双方的合作内容包括但不限于：

甲方代理和经纪乙方在 1.3 条款中所涉及各项内容的策划、宣传、公共关系事务、教育培训、规划、安排、实施、对外合作、谈判签约、收益的获得、法律事务代理、行政顾问等业务，以及对属于乙方的知识产权、肖像权、著作权及其相邻权等派生的各种权益的使用和许可使用行使经纪代理。

二、合作范围

在合同有效期及顺延期，甲方为乙方提供经纪人服务，甲方负责安排乙方培训授课及有关工作事宜，乙方向甲方提供教育培训演讲服务，乙方遵守甲方的工作安排和合理的工作要求。

2.1 经乙方同意，甲方拥有安排、接洽签署一切与乙方有关的培训工作事宜的权利，甲方签订的与乙方教育培训工作有关的合约和细则，在守法、合法并事先知会乙方的前提下，乙方应全心全意贯彻执行上述委派的工作。

2.2 乙方承诺并保证自签定本合同之日起，无论是否收取报酬，不直接或间接与任何第三者承诺并签订，参与任何与本合同有抵触或损害甲方利益的任何活动、文件或任何授课、讲座事项。

2.3 不论有无报酬，在合约期内，未征得甲方书面同意，乙方不得与任何人及公司签订或口头同意参与、发展或允许乙方形象、照片、名字等任何其他与教育培训及嘉宾出席有关的工作及其他事宜。

2.4 在合约有效期内，乙方同意甲方拥有一切有关名字、映像、照片、动画、形象及声音的专有使用权，乙方同意甲方拥有一切在世界各地履行本合约的任何工作的产生或由此而产生的知识产权、版权及其他知识产权，无论上述产权是否实际存在、产生或出现。

2.5 乙方遵照甲方要求加入有利于工作的非政治性团体，但上述团体应为符合国家有关法律规定的社会团体。

三、甲乙双方的利益分配

3.1 甲乙双方的可分配收益包括：

（1）授课、培训、销讲会、嘉宾、顾问、策划、咨询等权益收益。

（2）在履行本合约时产生的或由此产生的知识产权收益。

（3）课程收入分为销讲课、公共交付课、讲师专属课程产品。

（4）各项其他收益，但非合同约定范围产生的收益除外。

3.2 以上 3.1 条所涉及授课、培训、销讲会、嘉宾、顾问、策划、咨询费用款项统一由甲方代为收取，支付至甲方指定账户，并由甲方财务进行结算与分配，甲方指定账户信息如下：

（1）开户行：

（2）户名：

（3）账号：

3.3 收入分配详情：

上述收入的___作为甲方辅助乙方并致力推介乙方在微商教育事业发展，及代乙方安排工作事项的甲方业务销售的佣金。

剩余___的收入分配如下：

剩余收入中的___由乙方获取；

剩余收入中的___作为应缴纳的税费；

剩余收入中的___作为甲方的运营管理费用；

剩余收入中的___用作宣传推广费用。

（3）上述乙方所得收益在课程、活动或服务结束后7个工作日内结算完毕，在规定时间内由甲方财务统一支付。

3.4 税费：乙方个人收益部分的所得税由乙方自行承担；

3.5 严禁乙方自行收款，如特殊情况，需在收款当日向甲方进行报备，三日内将全部款项一次性转入甲方指定账户。

3.6 如发现乙方自行收款，第一次发现给予警告，第二次发现给予现金处罚，甲方有权从已经合作但未分配的收入中直接扣除全部处罚金额，第三次发现直接解除合作，甲方将保留追究法律责任并要求乙方赔偿的权利。

3.7 ××商学院相关教育培训产品和其他讲师的专属课程，原则上参照1:1的标准进行互相推荐成交，此条以××商学院签约老师投票表决的结果共同签署的文件为准。

四、特殊项目说明

4.1 某些项目因特殊情况，导致甲方收益过低，甲方可提出调整该项目的分配方案，经乙方同意后，在合理范围内降低乙方分配收益。

4.2 某些项目因特殊情况，该项目获得较高收益，乙方可提出调整该项目的分配方案，经甲方同意后，在合理范围内提高乙方的分配收益。

4.3 某些特殊项目，乙方可提出针对该项目新的分配方案及服务方式，经双方同意，另行签订协议与本合同具有该同等法律效力。

4.4 结算：产品交付完成后进行财务结算，某些项目因特殊情况，在服务过程中需支付一定的成本费用，乙方可要求提前提取服务费用，并调整费用支付时间，经双方同意，另行签订协议与本合同具有该同等法律效力。

五、乙方承诺承担下列义务：

5.1 乙方有绝对法定权利、年龄及自由与甲方订立及履行本合同。

5.2 未经甲方同意，乙方不得擅自更改或放弃任何甲方与第三者为乙方安排或接洽的微商培训事项及其实施细则。

5.3 乙方应当经常保持身体健康，以应付培训授课工作需要。

5.4 乙方不做出任何影响甲方及其子、母公司声誉、形象、商誉的行为或言论。

5.5 乙方确认甲方为其独家经纪人公司，甲方拥有安排、洽谈乙方工作事宜的决策权。

5.6 乙方每个月安排 1-2 天前往甲方指定地点集中研发完善课程，并每月安排一次免费的内部培训（仅限公司内部员工及指定人员参加）。

六、双方责任

双方除担负本合同内的其他责任外，双方应各自负责完成以下事宜。

6.1 甲方

（1）必须全力协助乙方在微商教育培训事业上的发展，辅助乙方在各媒体的宣传和推介。

（2）负责授课期间乙方在中国境内、外工作期间的住宿及差旅费用。

（3）提供有利于乙方微商教育事业的专业训练及其他各种培训，其费用由甲方支付，如乙方自行安排的由乙方自理。

（4）负责办理乙方委托的其他合理合法的要求。

6.2 乙方

（1）全力配合甲方安排的微商教育事业需要的宣传活动，尽量配合甲方所提供的建议，如有异议，乙方必须提出适当理由供甲方参考，甲方应考虑乙方的合理要求，但甲方拥有最终决定权。

（2）了解及遵守甲方属下讲师应有的行为标准，遵照甲方安排参加任何与乙方工作有关的研讨会议、形象拍摄、宣传活动等。

（3）按照甲方安排，在指定时间，准时抵达甲方指定的工作场所，按约定完成工作事项。

（4）向甲方提供乙方所在地的最新地址及通信联络电话号码，使甲方在合理时间内，不论日夜均能与乙方联络。

（5）遵守甲方与其他公司、私人或团体所订立的符合法律规定的教育培训合约和协议。

（6）若某项工作于本合约有效期内签署，而本合约期满时又未能完成该工作，乙方应继续为甲方完成该项工作，但双方要另行商定合作条件。

（7）负责办理甲方交办的其他合理事项。

6.3 共同责任条款：

甲乙双方郑重承诺负有以下共同责任：

（1）合约期间，甲乙双方都必须维护和捍卫自己和对方的名誉，不得有任何有损于对方名誉的言行；

（2）当甲乙任何一方的名誉受到分割时，甲乙双方有义务维护对方名誉，有义务尽全力减小或挽回影响。

七、合同的变更、中止和解除

7.1 本合同一经生效，合同双方均不得擅自对本合同的内容（包括附件）作任何单方的修改。但任何一方均可对合同内容以书面形式提出变更、修改、取消或补充的建议。修改的条款，经双方法定代表人或委托代理人（须经法定发表人书面授权委托）签字并加盖有效公章后方能生效；

7.2 一方有商业欺诈行为（商业欺诈"是指一方违反诚实信用原则，向对方提供虚假资料、信息，或者隐瞒事实真相，从而欺骗对方获取不正当利益的商业行为），或从事其他不正当交易行为的，对方有权经书面通知而立即解除合同。

八、违约责任

8.1 乙方除不可抗力因素（如地震、水灾等）及本协议特别约定情形外，在本协议签订后，不得单方终止本协议的履行；若无故终止本协议的履行，甲方有权要求乙方进行赔偿；

8.2 若乙方无故违约，则需向甲方赔偿违约金人民币　　万元，同时甲方保留进一步向法院起诉的权利；

8.3 本协议被解除或终止不影响违约方承担违约责任。

8.4 除非征得甲方的事先书面同意，乙方在合同期间以及合同期满后12个月内不得通过任何方式，包括中间人、机构、委托、合伙人或其他组织对甲方的工作人员进行聘用或留用，甲方保留所有权利追究由此而引起的后果与损失。

九、不可抗力

9.1 不可抗力是指严重的自然灾害和灾难（如台风、洪水、地震、火灾和爆炸等)、战争(不论是否宣战)、叛乱、动乱等。协议双方中的任何一方,由于不可抗力事件而影响协议义务的执行时,则延迟履行协议义务的期限相当于不可抗力事件影响的时间。

9.2 受到不可抗力影响一方应在不可抗力事故发生后,尽快将所发生的不可抗力事件的情况以书面或传真形式通知另一方,受影响的一方同时应尽量缩小这种影响和由此而引起的延误,一旦不可抗力的影响消除后,应将情况立即通知对方并继续履行协议。

十、协议争议的解决

凡与本协议有关而引起的一切争议,双方应首先通过友好协商解决,如经协商后仍不能达成协议时,提交甲方所在地法院裁决解决。

十一、协议生效

11.1 本协议经甲乙双方授权代表或法人代表签字盖章后生效;

11.2 本协议一式二份,双方各执一份,每一份具有同等的法律效力。

十二、其他

12.1 本合同适用法律为中华人民共和国法律;

12.2 本合同所涉及的财务结算货币为人民币;

12.2 一方未取得另一方事先书面同意前,不得将本协议项下的部分或全部权利或义务转让给第三方;

12.3 本协议部分条款的无效,不影响其他条款的效力。

十三、通知

甲乙双方的通知应以书面形式,按以下通信地址传达给对方:

13.1 甲方联系地址:

　　联系人:

　　联系方式:

13.2 乙方联系地址：

　　联系人：

　　联系方式：

甲方（盖章）：　　　　　　　　　　　乙方（盖章）：

签字：　　　　　　　　　　　　　　　签字：

　　年　　月　　日　　　　　　　　　　年　　月　　日

 例：《招商会满意度调查表》

表 3-6　招商会满意度调查表

例：《讲师内测考评表》

表 3-7 讲师内测考评表

文字表达 (5分) 有条理，逻辑性强 (5分)	有一定文字功底，能按照需求整理教材。	文字功底比较深厚，表达清晰，逻辑性强。	文字表达自如，熟悉教材编写技巧，逻辑推理严密。					
与学员互动技巧 (10分)								
提问方法 (2分) 气氛调动 (3分) 互动次数 (5分)	提问较少，提问方法单一，基本能正确回答学员问题。	注重提问技巧，能准确回答学员提问。	经常用提问引导课堂气氛，答问幽默风趣。					
推崇、成交 (10分)								
推崇意识 (5分) 成交意识 (5分)	能有基本推崇跟成交的意识。	注重推崇跟成交，在适当的时机能植入。	推崇跟成交运用游刃有余并能当场成交。					
综合评定：								

3.4.2 讲师派遣

所有正式讲师的线上、线下授课流程，都需统一接受组织派遣。只有通过业务流转和派遣审批，讲师的授课行为才被得到认可，才可得到相应课酬。

派遣流程通常按以下步骤进行：

图 3-8 讲师派遣流程图

线下培训的派遣，还需考虑讲师的差旅接待问题。为了加强公司对讲师接待的管理和控制，需制定相应标准。

例：微谷讲师接待标准

表 3-8 讲师接待标准

级别	交通标准	住宿标准	备注
巨星导师	飞机：特价头等舱/商务舱 高铁：一等座	五星级以上的套间	提前半小时到达机场或火车站等候老师；课程结束后按返程时间送老师提前到机场或火车站。
明星导师	飞机：特价商务舱/经济舱 高铁：一等座	四星级以上的套间	上课当天提醒老师吃早餐、上课时间，保证老师在上课前 10-20 分钟内到达会议现场，根据老师爱好安排送餐时间。
特级导师	飞机：经济舱 高铁：二等座	四星级以上的商务单间	保持对讲师的尊重，注重接待讲师细节和礼貌，必须要用普通话。
高级导师	飞机：经济舱 高铁：二等座	四星级以上的商务单间	老师房间安排套间，房间备有水、水果、感谢卡、鲜花等。

同时，为了让讲师线下培训的出行更有保障，我们建议公司为讲师购买意外险和社会保险。

3.4.3 薪酬奖励

薪酬奖励包括课酬结算、福利奖励、红利机制等多种形式。

讲师的课酬结算需结合讲师经纪合同薪酬分配准则，讲师报价和课时统计三要素，讲师的课酬结算统一由公司的财务对接，讲师课酬管理需规范。

1. 讲师课时统计：讲师的课时需在每次课程完成后统计清晰，如实际服务时长和计划服务时长的出入，服务类目的差异，讲师月总课时是否完成达标。

2. 讲师费用结算：根据讲师报价和课时统计，结算课程费用总额。依据讲师经纪合同签订的授课分成比例，结算讲师所获课时费用。

除去课时费用，讲师还需有相应的绩效费用奖惩，来综合构成讲师整体费用。

3. 财务沟通对接： 讲师对外活动签订统一由商学院对接，附公司财务对公账户，对内业务亦由公司财务对接相关费用。讲师不得私自提供个人账户进行财务结算，需待薪酬分配后再由公司财务统一转账入讲师个人账户。

福利奖励则包含讲师的工作安排自由度，讲师的差旅接待指标，讲师的带薪假期、奖金、年终分红、股权奖励等。福利回报是收人收心的一大要点。

红利机制则建立在讲师"师徒关系"基础上，我们鼓励讲师树立传、帮、带文化，不仅在晋升通道对带新人提出了量的要求，同时也可借此建立红利机制。即学生出师之后通过公司出场获得的收益，按照讲师资格排名，需抽取相应的红利给老师。抽取额度可按由低至高的比例，讲师等级越高，则红利越高。

 例：讲师红利机制表

表 3-9　讲师红利机制表

讲师职称	红利百分比	学生提成	红利数额
高级老师	10%	A	A×10%
特级老师	15%	B	B×15%

续表

讲师职称	红利百分比	学生提成	红利数额
明星老师	20%	C	C×20%
巨星老师	25%	D	D×25%

注：老师的提成由学生课时费中提取，由公司代发。

▶ 本章小结

  本章主要讲述微商讲师是微商团队的核心力量，也是微商品牌方对外的重要形象代言人，更是微商行业的灵魂工程师。微商师资队伍的优劣直接影响着微商行业的发展高度。过去的微商团队处于粗放式发展阶段，师资队伍良莠不齐，讲师管理规范也很不完善，致使很多微商团队发展出现了瓶颈。今天构建品牌商学院，也是在构建微商团队管理规范，重塑微商良好社会形象，让微商更规范、更健康地发展。

第4章
制定执行计划

当微商团队把年度培训课程体系编排好了之后,对应的培训课程老师也就位的情况下,下一步就需要开始制定教育培训的执行计划了。不论是线上实时教育,还是线下培训,每一次教育培训活动都不是仅靠讲师一个人完成的,而是需要一整套的会务系统来配合才能得到有效执行。同时,课程排期需有规划,根据代理成长路线的实际情况以及结合品牌全年运营规划,做好教育培训的匹配与支持。

在第二章中,我们已经重点讲述了规范课程体系。在课程体系中,我们可以把课程分为线上课程和线下课程。

本章先从如何组织一场线上教育说起,再到线下培训活动,逐步从点到面,从局部到全局展开品牌商学院的全年教育规划路线图。

4.1 线上课程如何执行

4.1.1 线上教育人员架构

为保障培训教育的目的得以顺利实现，在用微信群做线上培训时，需把人员如图示分工。

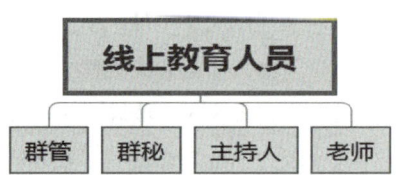

图 4-1 线上教育人员架构图

1. **群管**：顾名思义，群的管理者，活动的组织者。群管的作用主要是组织培训活动，介绍群规并执行群规；当有人违反群规时应及时踢出群，以维持这一次讲课时的课堂纪律。

2. **群秘**：群秘的主要职能就是配合群管，维持好课堂纪律。以学员的身份，在群里积极地和老师互动，活跃群里的气氛。

3. **主持人**：活跃群里的气氛，控制讲课节奏，介绍讲课老师，维持课堂纪律。

4. **老师**：课程主讲老师，配合主持人的节奏，顺利完成课程的讲解和作业布置。

4.1.2 课程邀约方案

对于日常化的线上课程，我们只需做简单的课程海报宣传，但是对于重要的招商课程或是特聘讲师课程，则需要做更多的邀约预热工作。具体如下：

1. **制定活动方案**。根据课前调研和课程目的，需要有相配合的活动方案，例如代理升级福利和礼品方案等。

2. **建立指挥群**。用小群管大群，指挥群的建立便于统一作战，保持信息互通和节奏同步。

3. **核心代理定向**。为核心代理定目标，激发课程参与度与代理原动力。

4. **提前 7 天倒计时邀约**。制作倒计时海报，编辑邀约文案，倍增课程的期待价值。

5. **提前 2 天百团大战**。所谓"百团大战"，即召集所有代理进行联动发圈。定点爆破，在指定的 2 小时内，由一位总指挥带队，统一间隔时间段，接连发 8 条相互关联且层层推进的朋友圈，将课程邀约造势达到顶峰。

6. **提前 1 天群发电话邀约**。电话是最直接、最快速联系到对方的方式。在做电话邀约前要提前准备统一的邀约话术。

7. **当天建立听课群 / 公布课程表 / 公布讲师**。当天造势的印象最深刻，重磅消息放在当天发布。

8. **群公告 + 配图定点发布**。例如开课前 5 小时倒计时（配图：讲课老师海报），配文：开课倒计时5小时，重金打造×××品牌××密训课程，今日第一课——××老师教你高姿态看待微商创业方向！就在今晚×点，不见不散！

4.1.3　课程内容及时间把控

每一次讲课中，课程内容的体现形式和表达方式是多元化的。主要有下面几种，并且根据每种方式的自身特点，讲师在每一堂课中合理地进行搭配，可以让整堂课更加生动，直观易懂。

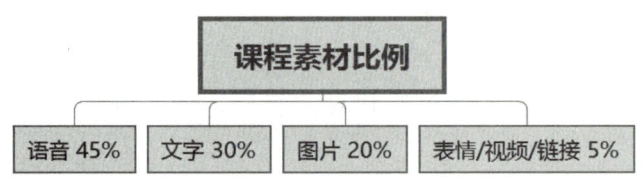

图 4-2　课程素材比例

1. 课程内容

（1）语音 45%。语音本身的优势显而易见，不但单位时间内可以包含更多的信息量，而且语音中老师的语气、感情也可以更直接地展现在每一个学员的面前。

语音的缺点就是不能直接看到语音所包含的信息，对于查找和记录重要信息是很不便利的。语音对于场景的要求也比较高，因为不是每一个场景下都适合去听语音，例如，学员在工作、上课等。

（2）文字 30%。文字可以直接将信息展现在学员面前，而且利于查找。比如微信群中的培训，可以直接输入搜索关键字就可以找到学员需要的信息点。由于文字的输入需要更多的时间，所以一般在重要的信息和关键的课程要点，我们会用文字再表述一遍，让学员直观地看到，加深学习的效果，并且有利于学员的"爬楼"和复习。

（3）图片 20%。 有些案列的展示，用图片可以准确地来表达。在讲课中适当地插入一些图片，也可以活跃课堂的气氛。但是，毕竟讲课还是要以语言和文字来传达精准的信息，所以图片在一堂课中的比例不应该过大，只是起到辅助作用。

（4）表情、视频、链接共 5%。 这些素材都是围绕着能够更好地展示课程而准备的辅助素材。适当地贯穿其中，达到其作用就好。

2. 时间把控

时间节点的控制直接影响到这堂课的氛围和效率。合适的时间分配，可以让学员在有限的精力下，完成和老师的互动以及对整堂课内容的吸收。线上课的时间节点我们可按以下建议来安排：

正式开课前 20 分钟，主持人开始群预热。做自我介绍，与大家做互动交流，对课程进行大概讲解，看看大家对今晚课程的期待值。

开课前 10 分钟，请出团队领导人发言。可谈谈对老师和课程的期待，以及给团队伙伴们加油鼓励。

开课前 5 分钟，主持人打爬楼标记，并开始塑造老师。爬楼标记帮助学员快速搜索课程定位；塑造老师用图文语音介绍＋图片／影像分享的形式，将老师的知名度和美誉度进行介绍宣传。

主讲老师 40-50 分钟。线上主讲课程内容最好控制到 1 个小时以内，由于中间会穿插一些文字、图片、视频或链接，课程需要的时间会略长。然而过长的时间会让学员产生疲劳感，所以控制在一个小时为佳。

主持人以文字形式做知识点记录。为方便学员听课和小结，可由主持人配合主讲老师进行知识点的归纳，强化笔记要点。

文字布置作业。文字形式便于学员记录。

主持人结束 + 第二天课程（如有）塑造。主持人感谢老师和团队领导人，对作业做出要求解析。对下一次课程预热。

4.1.4 执行注意事项

1. 爬楼标记： 微信群课程结束后，如果再想听一遍，那就需要重新翻到开始的地方。这种方式俗称"爬楼"。为了方便学员能够重复收听，应该在每一次的课程中做好爬楼标记。例如："× 年 × 月 × 日"，让学员知道这个规则，每次想听当天的课程，只需要搜索当天的日期就可以。而且，像课程中关键的位置，也要习惯地做好文字表述，可以达到同样快速搜索定位的效果。

2. 讲师准备： 每位讲师必须对自己的课件非常熟悉，做好充分的备课准备，包括统一模板 PPT、标准化课件、知识点、作业要求、课后小结等。PPT 中间不能出现他类品牌 LOGO，不能出现讲师二维码或其他联系方式。

3. 知识点标准： 有段落、有序号、有标点、通俗易懂，不能出现任何和品牌无关的信息，不能出现与宗教、政治相关词汇，每一场知识点不少于 60 条。

4. 课程最佳结构搭配： 1张图片——3条语音——5条知识点（如此循环，PPT也算图片）。

5. 逐级总结： 每一次的讲课效果的体现，是必须要让每一位学员对今天所听的课进行自己的梳理和总结。要求每人写一篇自己的理解，逐级提交给自己的上级，并@领导已发。最好把今天课程的截图，加上自己的笔记同时发朋友圈，并再次写上感想，并将这张朋友圈截图发给上级。同时将总结发到群里，让大家互相观摩，互相学习，用这种方式，提高讲课的效益，最大化地让每一个学员理解所学的知识，并运用到实践当中。

6. 课程整理： 课程结束后，结合每个学员的反馈，把整个课程过程再进行总结整理。力求每一次课程后都有新的突破，并吸取新的案例，在下一次课程中同步展现。

4.2 线下培训如何执行

4.2.1 线下培训类别

线下培训课程主要分为专业类课程和营销类课程。专业类课程主要包含了销售能力培训、演说能力培训、团队管理培训课等。营销类课程常见的主要是小沙龙、招商会、内训会等。

1. **销售课**：除了线上课程之外，开设线下销售课的目的，是为了让成交技能的学习与演练更直接、更落地。

2. **演说班**：培养公众演说的能力，突破内心，铸就信念，并付出演说行动。

3. **团队管理培训**：领导力、时间管理、团队机制文化架构能力的培养。

4. **小沙龙**：4-99人之间的有成交的主题聚会，多以休闲放松的形式呈现。

5. **招商会**：500人之内的政策成交会，根据品牌运营情况确立，或招新代理，或促进动销，或渠道铺货，或新品发布。

6. **内训会**：从心态、能力、凝聚力、协作力、团队打造和管理提升等维度，巩固代理间协同作战能力的培训会，教会代理升级和自主招商。

例：沙龙会活动流程

活动在周六下午 2 点开始

第一步　周六上午 9 点开始布置会场，12 点之前完成；

第二步　周六上午 10 点，沙龙组长为大家做最后一次会前会；

第三步　周六下午 1 点开始迎接客户的到来，2 点截止；

第四步　周六下午 2 点，主持人开场，经典四问；

第五步　周六下午 2 点 5 分，所有代理开始下红包雨，5 分钟内，200 个以上的红包雨轰炸沙龙群；

第六步　周六下午 2 点 10 分，主持人塑造产品主讲老师；

第七步　周六下午 2 点 10 分到 2 点 25 分，是产品主讲老师的演讲时间；

第八步　周六下午 2 点 25 分到 2 点 35 分，产品主讲老师讲微商干货；

第九步　周六下午 2 点 35 分到 2 点 40 分，主持人塑造案例分享嘉宾；

第十步　周六下午 2 点 40 分到 2 点 50 分，案例分享嘉宾演讲时间；

第十一步　周六下午 2 点 50 分到 2 点 55 分，主持人塑造趋势和政策导师；

第十二步　周六下午 2 点 55 分到 3 点 10 分，是趋势和政策导师演讲时间；

第十三步　周六下午 3 点 10 分到 3 点 25 分，是趋势和政策导师第一次成交；

第十四步　周六下午 3 点 25 分到 3 点 40 分，是趋势和政策导师干货分享；

第十五步　周六下午 3 点 40 分到 4 点，趋势和政策导师互动、解决疑问，进行第二次成交；

第十六步　周六下午 4 点开始，会议结束，代理找客户私聊成交或者 ABC 谈判成交。

在整个沙龙会过程中，讲什么不是最重要的，最重要的是氛围。所有在沙龙里的行为就是为了营造一种氛围，让所有人被这种氛围所感动、所震撼。

4.2.2　会务系统构建

会务简而言之就是会议的管理服务。会务系统就是从会前、会中、会后整个过程的策划组织与服务跟进。会议营销简称会销，是通过会议的形式完成批发式成交，达到招商销售的目的。一般一场营销型会议邀约参会人员可能会较多，对会议的组织服务工作要求会更高，所以，需要将会议组织系统化、服务专业化、管理规范化，通常会以项目组的形式形成高度专业的会务系统。

线下培训课程会涉及各方面的对接工作，为了便于组织和管理每一次线下会务工作的顺利进展，必须筹建线下的会务系统，以项目组的形式组建专门的团队来负责。下图即团队的组织架构图。

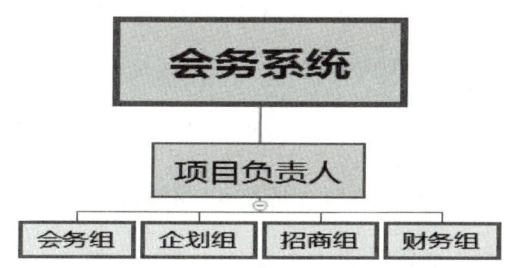

图 4-3　会务系统组织架构图

根据组织结构图，细分每一板块的职责。

项目负责人：全权负责线下会务组织的相关事宜，合理分配及协调职能部门工作，掌握整场会议架构及进展。

会务组：会前、会中、会后的会务接待、会场布置和执行配合。

企划组：负责策划媒体宣传方式及组织方案。

招商组：①负责会务邀约方案及招商方案；②邀约并确认到场人员；

财务组：①招商财务登记；②配合讲师完成刷卡成交环节，提前准备好现场刷单确认表。

4.2.3　会前策划筹备

会前的策划工作直接决定着要举办会议的成败，会议的策划人员必须对整个培训会的详细情况有着清晰的认识。要求策划人员具备一定的管理能力，对会议中涉及的人、财、物进行计划、组织、指挥、协调、控制。

策划方案需包含所有课程培训前的筹备计划。

明晰培训的类型、目的和要达到的效果。一旦确定目标,就需要把工作计划详列出来,继而拆解细分给会务的每个部门。各部门量化,制作出时间表,并按时跟进检查工作结果。

确定培训会的时间、地点、门槛,以及是否做成交。敲定档期和选址问题,同时对培训会针对的层级进行意向确定,成交与否则决定是否准备相关销售政策。

邀约方案。要对邀约亮点进行提炼,准备宣传素材及邀约执行。

确定培训会主题和会场设计。敲定培训主题和会场内外设计,便于下一轮宣传。

物料清单筹备。根据课程所需,物料必须准备齐全,以防课程中途出现任何物料纰漏造成损失。

确定参会人数,课程助教岗位安排。临近培训期,确定最终参会人数。学员200名以下,安排8名助教,各自分工,由导师团安排岗位定向。每增加200人增加2位助教。

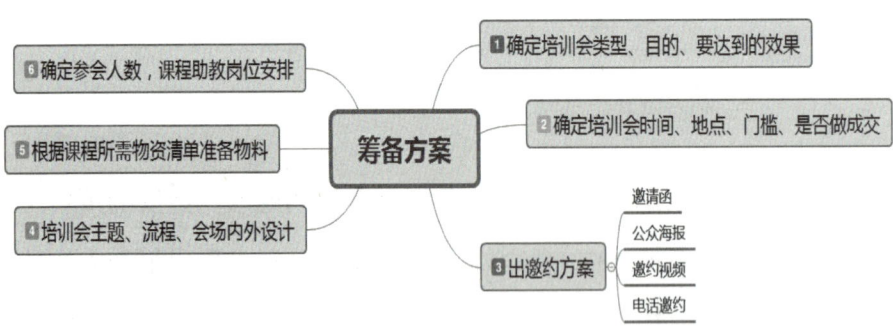

图 4-4 筹备方案

4.2.4　会中九大支柱

培训会正式开始，就应该严格地按会前准备的流程来执行。要求各工种人员明确分工，协同监管会场情况，带动会场气氛，对现场遇到的突发事件能够随机应变。根据各主要工种的职能定位不同，我们将其列为九大支柱。

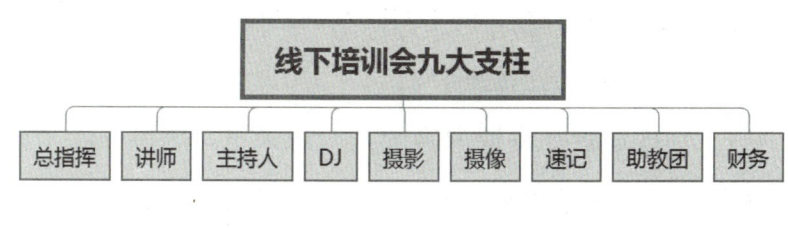

图 4-5　九大支柱

1. **总指挥**：把控全场，随时调配人员和物料，负责处理现场出现的突发问题。其是会场内主负责人，整体流程节奏的指挥官。

2. **讲师**：高效地将自己的课程内容传达给参会者，同时应该具有灵活多变的和参会人员互动的能力，有处理突发状况的冷静思维，以及和主持人打好配合的默契。

3. **主持人**：良好的语言表达能力，具备一定的临场应变和即兴发挥能力。热情，风趣，积极主动和老师或嘉宾做好互动，提高参会者的热情，使会场保持良好的氛围。

4. **DJ**：在会前准备好会场音乐、视频及文档资料，会议开始前一小时对会场多媒体、音响、话筒等调试，电源确认，对多媒体设备有充分的准备。随时配合主持人和讲师调动现场气氛，具备随机应变的能力。

5. **摄影：** 负责现场照片的拍摄，在会前对培训整体流程要悉知，能够快速抓拍精彩瞬间。配备广角头、长焦头，对拍摄会场大全景、大合影和人物特写驾轻就熟。摄影师拍摄的照片应实时传送至手机，便于发送给设计人员做宣传，达成"过程式营销"（即实时传播）。

6. **摄像：** 负责现场视频的拍摄。如有需要，应用双机位的形式记录，一台为固定机位记录全程，一台为游机抓拍精彩瞬间。同时还可搭配手机拍摄短视频，便于实时发圈宣传。会后可制作一个全程纪录片，一个精剪的主题推广片。

7. **速记：** 现场老师讲课内容的实时记录员。因讲师除了课程PPT之外，临场发挥的精华内容需要有专人做记录，以便于课程的总结和不断升级。同时，速记员所做的课堂笔记也可在课后赠送给学员，避免学员因漏记某些知识点造成苦恼。

8. **助教团：** 根据现场实到学员的人数，安排10-12名助教成员。选出1名担任助教队长，统筹接待助教、跑麦助教、白板助教、计分助教、门卫助教等人员分配。助教的功能就是为了确保课程能够顺利通畅，协助教学相关任务。

9. **财务：** 配合讲师完成刷卡成交环节，提前准备成交登记表、合同、微信+支付宝二维码、刷卡机、计算机等。

例：《第十一期微商奇迹会务安排表》

表 4-1　会务安排表

微商奇迹服务流程表				
课前准备				
序号	事项	时间	工作标准	准备的物料
1	时间确定	开课两周前		
2	场地选择	开课一周前	按规模及预算选择适合的场地；要求：交通便利，层高5米以上，有宽5米以上LED显示屏，无柱子	卷尺
3	主题策划		符合微商特点，结合时下热点	主题策划方案；搭建方案；时间推进表；预算表等
4	内容培训			宣传文案；H5等
5	线上宣传		从多维度宣传微商奇迹，帮助销售部完成线上引流及线下成交	H5；朋友圈等
6	课程销售	开课前一周		课程表、报名表等
7	报名登记		客户宣传资料收集	照片；基础资料等
8	学员海报宣传			宣传文案，学员海报
9	物料采买		按确定人数的120%采买，预算内选择精品	基础物料表
10	课程研发		课程开始前一周确认当期课程表	课程表、课程手册等
11	宣传物料核对	开课两天前	与客服部名单资料核对，重点客户信息收集	签到墙
课前会务安排				
1	学员分组	两天前下午17:00	已报名信息汇总制作签到表，8人为一桌	无
2	学员建群	前一天下午16:00	开始建群，有成交过微商奇迹的小伙伴优先进群，拉各自的学员入群，群主负责发布群规、课程表、出行表、上课酒店定位、周边酒店信息、周边用餐信息等	电子版课程表、出行表、上课酒店定位、周边酒店信息、周边用餐信息等
3	导师安排	前一天－开课前	负责老师行程安排与现场接待老师，提醒导师上课时间及用时用餐等。	翻页笔、导师话筒、茶水、转换接头
4	会场布置	前一天下午	开课前统一排好桌椅，放置好本子、笔、宣传物料等；	本子、笔、矿泉水、宣传册
5	物料管理		物料对接及现场物料整理收集，白板、白板笔、白板擦、话筒电池、翻页笔等物料的随时看管准备，会议结束后整理归还。财务统管主要为物料的采购，资金统一进出口，活动结束后第一时间报销。同时负责会场内（后门）的看管	各岗位所有的物料

续表

		开课第一天，所有会务人员 7:30 分集合，相互转告！		
序号	事项		时间	工作标准	准备的物料

序号	事项		时间	工作标准	准备的物料
1		接待迎宾	课程前	按现场需求（酒店门口、电梯口）适当距离两人一小组，以笑脸迎接顾客。提高顾客体验。顾客进来之后要欢迎，见有提行李的，积极上前帮忙，服务意识要强。	无
2		签到墙服务	课程前	当学员走至签到墙处时，需一礼仪递上签到笔，另一礼仪可应学员需求，使用学员本人手机进行拍摄留念等。	
3		签到组		课程入场签到，参会人员名单核对，坚持每人发放学员证，凭证入场，第一天签到给学员发放学员证，每半天签到一次，会务期间必须严查进出会场人员，非学员不能进入，若有遗漏混杂，签到与门卫人员共担责任。	签到台卡、纸张签到表、学员证、签到笔
4	外场	门卫组	全天	开课前统一站在门口礼仪接待并监督检查课间进出人员是否有佩带手环与学员证，做好提醒作用。非学员不能进入，若有遗漏混杂，签到与门卫人员共担责任。 注：吃饭启用轮流制，任何时间不能出现空岗现象。	无
5		位置指引	课程前	开课前统一站在教师门口内，礼貌接待进教室学员，积极上前询问每位学员位置情况，指引至座位入座后立马回到岗位迎接下一位学员。	无
6	内场	主持人升场	9:00-9:30	调动现场气氛，引导学员进入学习状态	筒、话筒卡牌、电池签约品牌资料
7		DJ 配合	9:00-12:00	包括音响设备的提前调试、投影画面的对接准备调试等，同时现场配和主讲老师进行现场气氛调节。	开场音乐。、导师PPT、导师课件等、
8		速记员	9:00-12:00	整理导师上课课件，收集案例，做好重要笔记等发往学员群里进行分享	
9		摄影摄像	9:00-12:00	现场摄影摄像，保证设备电源充足，培训活动记录完整。当天会议结束后所有视频、照片拷贝到电脑整理，录像机内存卡空间清理。并制作电子相册（随身携带笔记本）	摄影自备
10		跑麦	9:00-12:00	根据现场情况，给需要发言的学员递话筒，配合讲师。	话筒、话筒卡牌、电池
11		扶白板	9:00-12:00	需要讲师在白板上书写，配合扶白板，并且在擦黑板。	各种颜色白板笔、白板擦
12		刷卡+咨询台	9:00-12:00	成交前配合讲师完成刷卡成交环节，提前熟知刷卡机的使用，提前准备好等级表格。现场主动积极配合讲师。	成交登记表、合同、微信+支付宝二维码、刷卡机、计算机、订书机、导师书籍、咨询台台卡
13		区域长	9:00-12:00	配合学员，营造学习氛围，解决学员课上遇到的难题，及时反映给助教。不可随意离开座位。踢单，促进自己桌的顾客成交。	课程资料（300万包年、120万包年。内训、招商、闪电），各课程电子版合同
14		签约仪式	第一天下午 17:00-17:10	提前半小时准备好签约物料，对接好签约嘉宾	签约背景墙、签约本、合同、笔
15		毕业照拍摄	第二天下午 17:00	确定好时间位置，提前告知主持人进行引导，安排好拍照台阶或椅子。配合摄影师调整位置。	台阶或椅子
		每半场课程结束后，所有人 5 分钟整理各自岗位物料后集体开会，相互转告！			
		20-21 号下午所有人提前 20 分钟上岗（门卫小伙伴轮流待岗除外）			

4.2.5　会后推广跟进

培训会结束，应安排所有学员合影留念，并且有意识地将会议的图片、视频等分享给学员和嘉宾，主动引导他们去发圈，传播造势。

企划组筹备文章作为新闻源，进行全网推广。同时制作几组供发圈用的视频、宣传图，搭配文字做会后总结梳理和成果展示。

对于有成交目的的培训会，会后要制定跟单计划，同时对会中成单的客户也要及时跟进售后。《课程满意度调查表》需及时汇总。

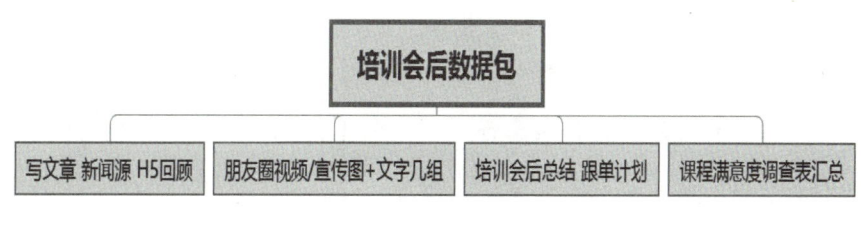

图 4-6　数据包

 例：《满意度评分卷》

表 4-2　满意度评分卷

首先感谢您对本次培训的全力配合！为了更好地为您提供优质服务，请您对刚完成的培训做以下评估（在对应的□里打√）

NPS 评估：您有多大可能向您身边的人推荐本次课程？

根本不想推荐　　　　　　　　　　　　　　非常愿意推荐

0	1	2	3	4	5	6	7	8	9	10
☐	☐	☐	☐	☐	☐	☐	☐	☐	☐	☐

对课程的满意程度评估（10 分满分）

	1	2	3	4	5	6	7	8	9	10
对本次课程是否感兴趣	☐	☐	☐	☐	☐	☐	☐	☐	☐	☐
对本次课程是否有独特见解	☐	☐	☐	☐	☐	☐	☐	☐	☐	☐
您对本次课程的课件材料满意否	☐	☐	☐	☐	☐	☐	☐	☐	☐	☐
教材与资料准备充分、时间安排合理	☐	☐	☐	☐	☐	☐	☐	☐	☐	☐
课程突出重点、能基本达成培训目标	☐	☐	☐	☐	☐	☐	☐	☐	☐	☐

对培训讲师的满意程度评估（10 分满分）

	1	2	3	4	5	6	7	8	9	10
讲师的教学方式和表达技巧	☐	☐	☐	☐	☐	☐	☐	☐	☐	☐
讲师对课程时间和内容的分配	☐	☐	☐	☐	☐	☐	☐	☐	☐	☐
讲师对学员的状态调动和氛围把握	☐	☐	☐	☐	☐	☐	☐	☐	☐	☐
讲师课程内容的案例分析、举证能力	☐	☐	☐	☐	☐	☐	☐	☐	☐	☐
讲师授课内容对您的帮助程度	☐	☐	☐	☐	☐	☐	☐	☐	☐	☐

对主持人的满意程度评估（10分满分）

　　　　　　　　　　　　　　　　　　1 2 3 4 5 6 7 8 9 10

主持人的普通话标准程度　　　　　☐☐☐☐☐☐☐☐☐☐

主持人对现场氛围调动和控场能力　☐☐☐☐☐☐☐☐☐☐

主持人的形象专业、衣着得体　　　☐☐☐☐☐☐☐☐☐☐

主持人随机应变能力　　　　　　　☐☐☐☐☐☐☐☐☐☐

主持人的主持风格满意程度　　　　☐☐☐☐☐☐☐☐☐☐

对音控师的满意程度评估（10分满分）

　　　　　　　　　　　　　　　　　　1 2 3 4 5 6 7 8 9 10

音控师对设备调试情况　　　　　　☐☐☐☐☐☐☐☐☐☐

音控师与老师配合默契程度　　　　☐☐☐☐☐☐☐☐☐☐

音控师工作认真程度　　　　　　　☐☐☐☐☐☐☐☐☐☐

音控师的衣着得体　　　　　　　　☐☐☐☐☐☐☐☐☐☐

音控师对接会议流程态度　　　　　☐☐☐☐☐☐☐☐☐☐

4.3 全年教育规划

教育培训的重点在于解决微商团队进人、留人、育人的问题。通过招商会和代理自行招募进人；通过培训指导经销商卖货、动销解决留人问题；通过培训团队长，让其学会自行裂变团队解决育人问题。那么，一个良性的教育循环规划应该如何来制定呢？本节我们给出指导思路，品牌方可根据自身实际情况借鉴。

4.3.1 销售目标拆解

结合公司销售部门针对年度销售业绩的调研统计和分析，制定下一年度的销售目标和计划。

1. 销售目标如何拆解？

（1）根据年度销售目标，拆分季度销售目标，月度销售目标和周销售目标等；

（2）将年度销售目标拆分给大团队 / 大联盟，各自领取目标任务，由上至下进行任务消化。

2. 销售额 = 团队人数 × 平均产出。

我们可得出的结论是，销售额的提升，源自团队产出的提升和团队人数的扩张。

3. 如何提升团队平均产出？

（1）提升代理专业度，让销售动销更上一层；

（2）增加产品 SKU（以护肤品为例：a.增加受众群，例如增加儿童产品、男性受众群体产品；b.增加复购，例如护肤品针对不同部位产品的研发；c.增加客单价，推套装系列等方式）；

（3）增加渠道价值，但需考虑承载问题。

4. 如何扩张团队？

（1）要有营销方案和规划（结合品牌产品淡旺季的分析，制定全年运营规划）；

（2）培养团队（团队协同作战的能力，树立代理传、帮、带思想，打造核心代理标杆）；

（3）吸引小白；

（4）吸引团队（吸引外部成形的微商团队，对扩张团队来说是最快最有效的，但如何吸引是需要思考的问题）。

综上所述，要想达成更高的销售目标，就必须扩展代理团队，同时提升代理的平均产出。教育的功效在这其中就凸显了。只有教育才能提升经销商的业务能力，只有线下大型招商会、内训会的执行，才能快速扩展代理队伍。

4.3.2　全年运营节奏

全年运营节奏主要可以从全年运营节奏计划的几大要素和用途来讲起。

1. 全年运营计划几大要素

（1）行业大事件（例如美博会、世界微商大会、微商服务者大会等）供品牌宣传造势，提升行业内知名度，为品牌必列计划。

（2）年度大事件（例如开春开门红新品发布、年中旅游计划、年中新品发布、年末公司年会等）供品牌提升价值，是为营销重点。

（3）重点项目的节点。例如商学院体系搭建、品牌诊断、团队长自明星打造计划、校园地推计划、年末促销计划等每年都可执行的营销项目。

2. 全年运营计划的用途

（1）根据计划拆解目标。不同大事件有不同的目标诉求，将年度销售总目标逐个拆解至每个月的每一个大事件，可让目标达成规划更落地。

（2）让教育培训针对性更强。了解了品牌运营的全年计划，相应匹配的教育培训就有了更强的针对性，对单次培训想要达成的效果和目的也更明朗。

（3）稳固代理军心。品牌方列出全年运营计划之后，无形中就增强了经销商的信念和期待值，为经销商将微商作为事业来做大有裨益。

例 某品牌微商全年运营计划

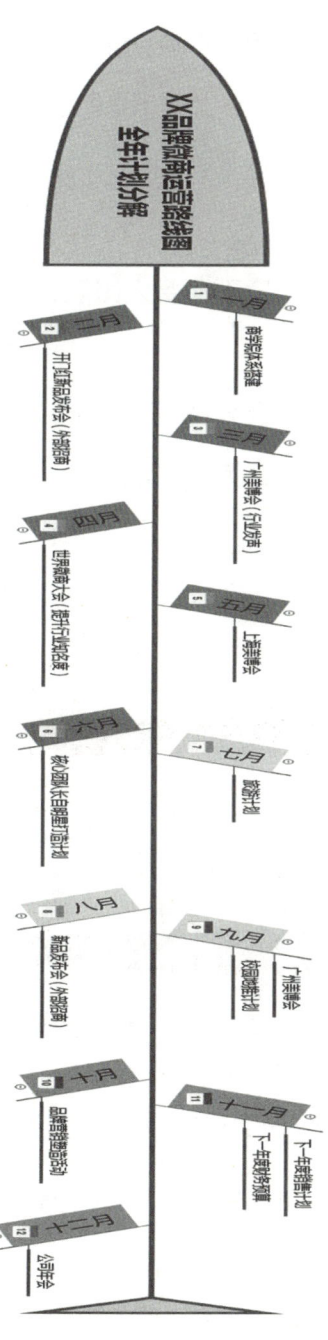

图4-7 微商运营路线图全年计划分解

4.3.3　教育培训计划

完成了全年运营节奏的梳理后，下一步工作就是将教育培训计划融入其中。这其中要注意的几点共识：

每天都会有新人加入且基数较大，因此"新人脱白训练营"每周必开。

中高级代理的迭代速度不及新人团队，因此中高级代理的线上课开课频次可逐层降低。

线下培训会需密切结合公司运营节奏，同时需配合因行业和公司大事件带来的流量所需，为更好地留人、育人做贡献。

（注：以下内容中 0-1、1-100、100-1000、1000-10000 指代团队员工数量。）

例 0-1 新人七天脱白训练营（线上课每周必开）

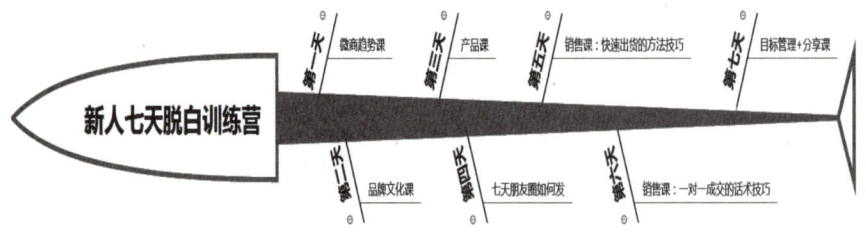

图 4-8　新人七天脱白训练营

新人训练营可由讲师做示范，规范化课件后，交由中级代理为新人代理开课。

例 1-100 线上课

（每周 3 节，同一大主题进阶课，每月 12 节。每月循环开课）；线下课每 2-3 个月开课一次。

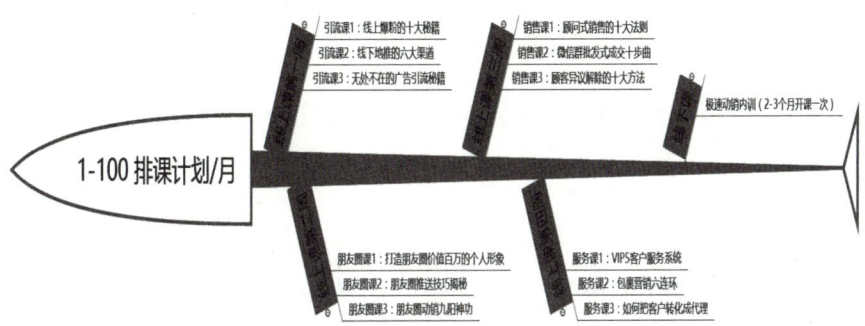

图 4-9　1-100 排课计划／月

1-100 课程可由主讲老师做开课示范，规范化课件后，交由高级经销商讲师为该阶段代理授课。

例 100-1000 线上课

（每周 1 节，每周一个循环主题，每月 4 节）；参与线下课每月一次。

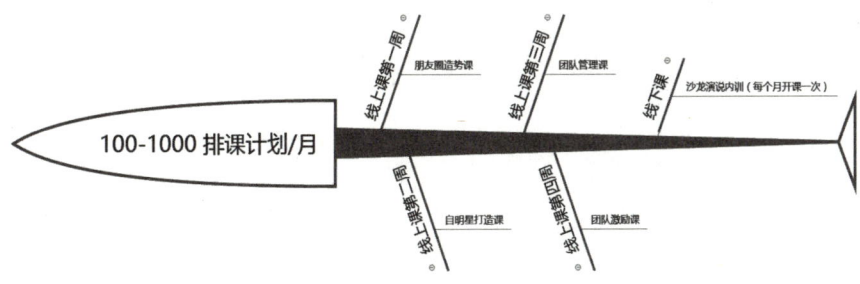

图 4-10　1-1000 排课计划／月

100-1000 课程由公司统一安排主讲老师开课。同时注重线下课对此阶段代理演说力的培养，以及学会用小沙龙招商。

例 1000-10000 线上课

每月 1 节，以团队复制裂变技能为主题。每月参与线下课二次，注重领导力的培养，线下课可与培训机构合作。

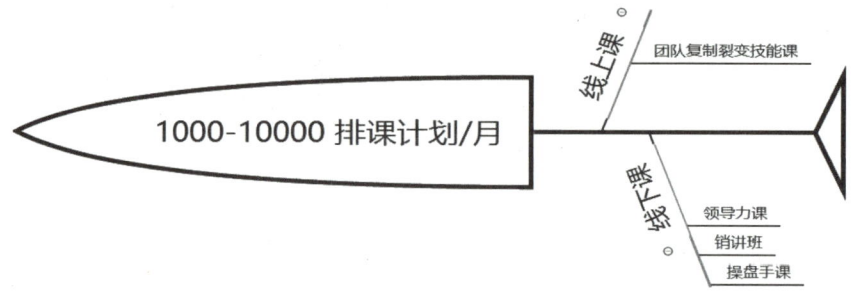

图 4-11　1-10000 排课计划 / 月

各阶段代理开课频次：

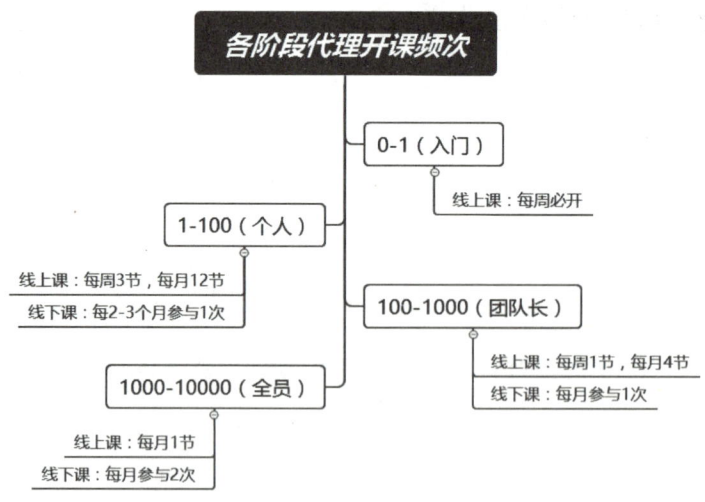

图 4-12　各阶段代理开课频次

例 某品牌微商教育路线图全年计划分解

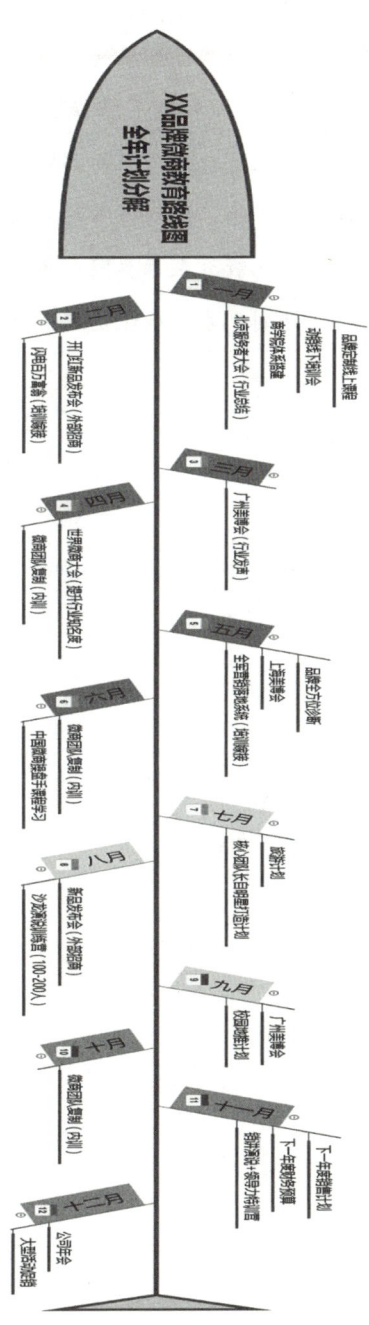

图 4-13 微商教育路线图全年计划分解

> **本章小结：**

　　本章主要讲解了线上课程培训和线下课程培训如何执行的操作步骤和具体方法，及如何进行全年教育规划。微商品牌方要想使培训课程在教育活动中实现预期的培训效果，除了微商讲师的专业演讲外，还需要配备专业的主持人、助理人员等其他教育人员共同参与沟通，制定出专业规范的教育策划方案和培训执行计划，才能确保良好培训效果的实现。

第5章
线下培训会务实操

　　品牌商学院是微商教育培训的重要策划组织机构,其一项重要工作就是构建线上课程教育服务与线下课程培训会务系统。当下微商教育培训线上线下交互融合已是大势所趋,而在众多微商教育培训活动中,以线下会议营销的会务策划组织最为重要。一场好的线下会议营销能够为微商品牌带来一针强心剂。

　　确实,会议营销是很多微商拓展业务中的重要一环,会议营销对于提升微商形象、达成交易、产业交流、产品发布等都有极大的帮助。

　　尽管微商行业线下活动越来越多,大到展会、论坛,小到沙龙、分享会,但是其目的都是一致的,希望通过线下活动促进个体间、团队间乃至行业间的相互交流与发展。那么怎么样才能真正做好一场会议营销活动或培训会呢?大大小小的会议如此之多,是否能够保证每一场会议都能达到预期效果呢?如何提升其产出与价值呢?这些都离不开由专业人员策划组织的会务系统。

　　微谷作为中国最大的微商服务平台,迄今为止,已经主办、承办大大小小会务策划超2000场。其中,组织线下招商会、内训会等大型培训会务更是超1000场。

　　本章内容主要以微谷对微商行业的洞察和在会务方面的丰富实操经验为借鉴,重点收集整理出了一套比较完整实用的微商线下招商、内训等培训会的会务系统的执行标准,供各位读者学习参考。

5.1 策划实施方案

5.1.1 确定会务目标

任何一个会议举行之前,先要确定会议目标。这个目标是不是可行,目标的设定最好用数字来具体化。

1. 在微商行业中,做线下培训会议营销的目的有以下几种:

(1)产业交流、资源对接;

(2)品牌传播、产品发布;

(3)聚人气、招商;

(4)代理内部升级、技能提升。

针对以上四大块需求,要求策划人员对应同类会议营销活动数据,有针对性地去量化会议活动目标。

2. 量化会议活动目标可以包括:

(1)本次会议要招多少代理?

(2)邀请多少个媒体?

(3)实现现场多少销售额?

会议活动的数据目标一旦设定,活动所有的行为都会围绕达成这个目标来进行。

例：沙龙会会前日志

策划期 7 天：

* 目标　　明确目标→目标分解与培训→组建会务组

* 主题　　结合目标需求和时下元素确定创意细节→围绕细节策划结构：

* 邀约　　邀约亮点提炼→邀约方式执行

组织期 7 天：

* 整合　　【人：主持、主讲、客户、员工】+【财：沙龙门票、销售政策】+【物：产品、会所主题氛围布置】

* 跟进　　邀约人数→视觉系统及物料

执行期 7 天：

* 客户分析　会前 3 天落实客户数→落实客户分析情况

* 落地　　会中人财物到位→彩排、风控、场控

* 售后　　会后总结，制定跟单计划→会中成单的及时跟进、售后

5.1.2　确定会务预算

上一章已讲过微商团队需要进行全年教育规划，一个有规划、有计划的微商品牌方，都需要在年初制定出未来一年里所有要举办的大大小小的会议活动的时间表，或者先确定要举办活动最恰当的时间点，然后再根据会议活动时间以及规模，预定相应的场地，也就是全年节奏。

与此同时，还要考虑想要邀请的嘉宾或者讲师档期安排。如果

原本想请的讲师无法排出时间,可以根据讲师的行程作出相应调整,或者更换讲师也可以,一切以实际情况为准。综合考虑以上所有因素,确定最终会议活动的时间、地点以及讲师,最终,制定出一张会务活动的经费预算表。

 例:某微商品牌活动的经费预算

表 5-1　会议营销活动预算表

编制单位:××××××

会议名称:

主办单位:

会议时间:

会议地点:

参会人数:

单　位:元

会议预算支出

支出分类		金额	备注
办公费	中性笔		
	笔记本		
	其他		
印刷费	会议宣传册		
	邀请函		
	资料		
	其他		

续表

租赁费	场地租赁费		
	其他		
交通费	路费		
住宿费	宾馆		
餐饮费	×××		
培训费	授课教师费		
	专用资料费		
娱乐费用	旅游		
	其他		
电话费	电话补助		
礼品	×××		
	×××		
	水杯		
	其他		
布置费	条幅		
	红地毯		
	鲜花		
	其他		
其他费用			
合计		0.00	

经办人： 项目经理： 分管领导：

5.1.3 确定会务内容

做一场会，需要首先确定会务内容的核心三要素，即活动主题、口号与内容。会议活动主题可以根据举办的时间与此次会议活动想要达到的目的，再结合品牌方自身特色来确定。活动主题是本次会议向外部传达的核心内容。其要求是鲜明、突出、新颖、独特。

例：活动主题及口号示例

为爱而行，为爱而战

放飞梦想，决战微商

缔造领袖，王者创奇

×××首次落地培训

×××百万领袖特训营

×××百万领袖峰会

×××赢战全球，初心回归会

×××老师巨献百万经验

VIP培训升级

×××总裁特训班

×××领袖峰会

×××商学院超级演说家第二季

×××精英最强大脑峰会

×××领袖特训营

微商领袖特训营

百万核心领袖特训营

×××微商领袖密训营

××繁华 掘金时代

口号：×× ×× 超越奇迹

为爱经营为爱拼搏

统一思想、统一目标、统一行动

永不言退，我们是最好的团队

勿忘初心，方得始终

我在××××，世界如此美丽

携手××××，财富赢天下

××××商学院突破自我 成就未来之星

遇见×××，遇见肌肤的小幸运

再造一个世界500强

铸中国百年企业，创世界一流品牌

只有不完美的产品，没有挑剔的客户

相信自己，相信伙伴！

跟着××走，吃喝全都有；跟着××干，必须有钱赚

一家人，一辈子；一条心，一个梦

要么出局，要么出众

　　有了活动主题及口号，接下来就要确定活动内容。实际上两者也没有什么明确的先后顺序，更多时候主题与内容都是一并诞生的。不管是哪一个都紧扣此次活动目的，最大限度地达成目标。

总而言之，不同的会议活动会策划出不同的主题、口号和内容，并且都是紧紧围绕完成会议目标展开的。如果是招商会，其目的是为了成交，那么主要内容上一定会有趋势分析、品牌介绍、产品功效介绍以及现场成交等。如果是内训会，其目的是为了代理升级，那么主要内容就一定是以培养代理技能成长和升级政策说明等。

5.1.4 确定邀约节奏

宣传是一场营销活动必不可少又至关重要的环节，无论什么样的活动都需要充分利用尽可能多的渠道去传播，而且需要在会议活动开始之前不断地邀约宣传，持续造势。

对微商而言，朋友圈和微信群就是最大的宣传渠道，也是线上邀约的重要途径。一场好的会议营销需要在会议活动筹备期做好线上 21 天有节奏的邀约，持续性的宣传，才有可能让这场会议营销实现预期目的。

例：会前 21 天邀约倒计时宣传

表 5-2 会前 21 天邀约倒计时宣传节奏

时间	内容
21~19 天	品牌大事件 ~ 同行发声，最近有大事发生
18 天	邀约海报，宣布内训时间、地点
17 天	邀约 H5
16~15 天	9 个必来的理由
14 天	邀约门槛 宣布来的门槛

续表

时间	内容
13天	微商痛点分析：指出大部分代理的现存在的问题
12天	你的团队遇到以下问题了吗？
11天	宣传老师：我们请老师帮你解决你解决不了的问题
10天	宣传课程内容
9天	制作学员海报吸引未报名的学员
8天	宣传公司实力
7天	宣传本次会议的大幅度优惠，史上最大优惠力度，最低价
6天	学员小视频：我们在这等你
5天	神秘政策–现场政策，不到场就享受不了
4天	大批展示参加的学员海报
3天	倒计时3 截止报名倒计时
2天	倒计时2 截止报名倒计时
1天	倒计时1 截止报名倒计时

在线上微信群、朋友圈宣传时，单纯靠短短几个字说明活动举办时间、地点等，在朋友圈这片汪洋大海中根本激不起任何波澜。所以就需要在宣传上下一些功夫，最好能够一下子就抓住读者眼球，激发兴趣，并且达到为品牌、企业和自己造势的效果。

文字肯定不如图文并茂来得赏心悦目，如果策划者能够将活动主题、时间、地点全都放进一张制作精良的海报里，吸引眼球就变得轻而易举了。所以，在会议营销筹划期就可以做一些整体活动的宣传海报进行宣传造势。

下面是一微商品牌方核心代理集训的宣传海报，可供参考：

例：核心代理集训宣传海报

图 5-1　主题海报

图 5-2　主题、时间、地点

图 5-3

以上海报说明了会议的时间、地点以及主题。除了海报以发圈的形式宣传推广，还可以通过 H5、视频、公众号等其他形式进行宣传推广。

有了吸引眼球的图片和视频，没有对应高大上的配文，又会让人觉得缺少点什么，文案和视觉图案当然要两手抓！

下面是微谷教育收集整理的一些海报宣传文案，可供参考：

例：海报宣传文案

- ×××每一次的盛会都会改变一大批微商新人，成就很多支精英战队，×月的百万领袖特训营有你的身影吗？你会是下一批有收获有成就的×××人吗？×月×日，我等你！
- 真的只会卖货，只会零售还远远不够！你的朋友圈人脉会用尽，如何才能让自己产生源源不断的吸引力？靠见识，靠知识面，靠人际圈，靠你不断提升的自我价值，更靠你的自我影响力！这一切，×××给你！——"×××百万领袖特训营"。

• ×××首届"百万领袖特训营"倒计时×天！这是一个只承认强者的时代！心动只能丰富自己的梦想，行动才能实现自己的梦想！××××.××.×× 我们专注恒心实现梦想！

• 希望每一次盛会，都有你的身影！你可以拒绝学习，但你阻止不了别人的进步！你可以偷懒，但你的竞争对手不会！不放弃每一次学习成长的机会，你才不会错失每一次升级赚钱的机会！

• "百万领袖特训营——领袖帖"你知不知道！你明明可以更优秀！你明明可以有更好的选择！你明明可以赚更多的钱！你明明可以有至高无上的身份去出席普通人一辈子不敢想的场合！明明可以！却死在"我现在还可以"上！2017年微商会有一个新局势，看懂的你会发现现在微商不再是以前那样，与时俱进，适者才能生存！

• 大腕导师讲课是重点，全场放奖是高潮！×××前方有惊喜，尖叫福利！火爆全球iphone7和万元红包现场派送。××月××日跟着×××抢钱去。花样惊喜满场，百万经验传授这不单单是一次课！这更是一场头脑风暴的派对！寓教于乐，畅享其中！这几天朋友圈，满眼望去都是×××的全民盛宴！

• 恭喜所有拿到×××商学院"首届百万领袖特训营"的入学资格！与智者同行，你会不同凡响；与高人为伍，你能登上巅峰！

• 活动倒计时。定××××箱做总代，还能获得内训名额，改变你的人生轨迹！你只有最后×小时考虑！

• 又一批特训营学员，希望每一次盛会都有你的身影！你可以拒绝学习，但你阻止不了别人的进步！你可以偷懒，但你的竞争对手不会！不放弃每一次学习成长的机会，你才不会错失每一次升级赚钱的机会！"百万领袖特训营"的伙伴们，你们都准备好了吗？

• 女人想要独立自主掌握命运，来×××就对了！×××携手微商（头衔）×××（姓名）老师，斥巨资打造价值百万领袖特训营，传授最好、最给力、最落地的百万富翁成就秘籍！美丽与智慧，唯有×××，你，来了吗？

• 突破自我！发圈无回复？信息被拉黑？几乎无成交？此刻你需要新的高质量用户！"×××百万领袖特训营"带你打破瓶颈！

• 传统的课程，丢掉！死板的老师，不要！过时的知识，更新！陈旧的思想，抛弃！×××颠覆你对培训课程认知，让你接触更高端的微商领袖班！名额有限，你拿一万块都听不到的课程，×××提供给你！

• 报名截止最后×小时！过时不候！××品牌领袖总裁特训营&年度盛典×××即可获得××万元课程+×天×夜××酒店全程包吃包住还报销机票！百万豪礼奖品、年度颁奖、采访报道！百倍提升能力，跨越倍增身价！

• 引路靠贵人，走路靠自己，成长靠学习，成就靠团队，流过泪的眼睛更明亮，滴过血的心更坚强 每个人的生命都是可以绽放美丽的，只要你珍惜！这是我们一起打下的江山，×××我们一起升华人生价值！

• 荣耀出席，奢华盛宴！只需要×××元！即可参加——××总裁特训领袖特训营&年度盛典！同时享受(优惠政策)1.……2.……3.……4.……荣耀出席，奢华盛宴×××（时间），×××(地点)，不见不散！

一场会议活动除了精心策划制作海报和撰写文案外，还需要对外展示此次会议活动的门槛和亮点。这两大块也是一场会议活动造势宣传所需要的。

活动门槛，主要包括：

级别限制（活动针对哪个级别的代理举办的）

门票费用（门票可以根据自身实际情况确定）

一场会议营销的邀约门槛在前期策划时就需要考虑清楚，如本次会议活动的主要针对人群和参会的各项费用定价，同时把参加会议活动有哪些现场优惠政策也需要制定出来。

会议亮点

主要是塑造此次会议的课程内容、讲师形象、课程价值、现场的超值活动、现状痛点、活动举办地的星级酒店以及大牌合作。同样是以海报的形式在朋友圈进行推广。

 例：课程表参考

《微商奇迹》

《中国微商操盘手》

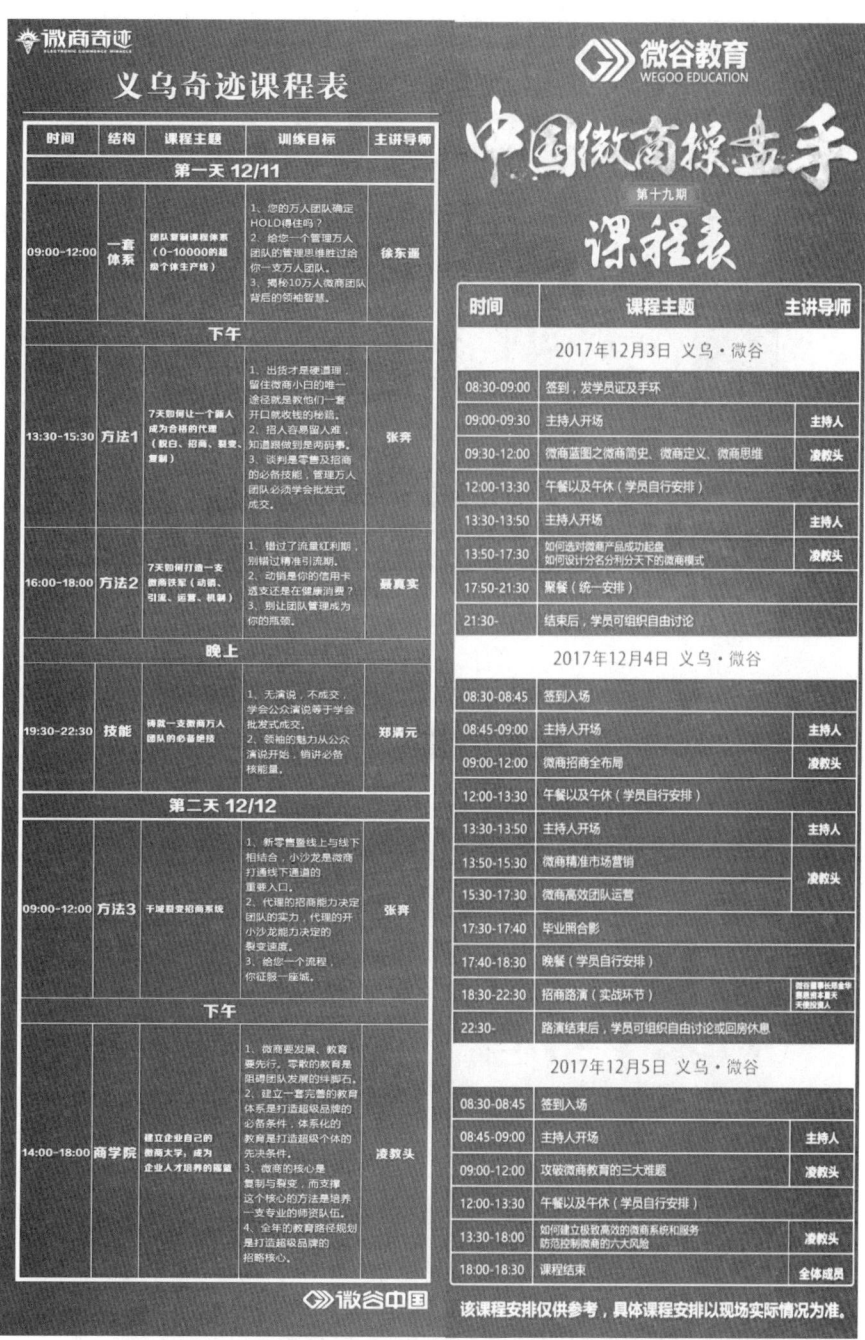

图 5-4 讲师形象宣传海报

图 5-5　讲师形象宣传海报

 例：现场超值活动宣传参考

图 5-6　现场超值活动宣传

图 5-7　微商奇迹中的领袖风范

例：痛点宣传参考

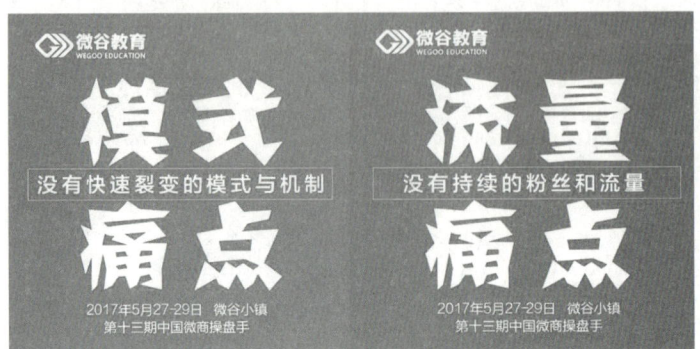

图 5-8　第十三期《中国微商操盘手》销售信

图 5-9　第十三期《中国微商操盘手》销售信（续）

会议前期有节奏的宣传推广，不仅可以扩大品牌知名度，同时还可以更好地邀约。下面所列出邀约方案模块内容，可供参考。

图 5-10　某品牌千城裂变沙龙会的会前邀约邀请函

邀约爆点：

爆点一：百万价值内训课程打造课程价值和内容

爆点二：微谷最强导师团

爆点三：新品上市发布

爆点四：超级政策、现场福利、代理门槛优惠

爆点五：现场送福利政策、抽奖砸金蛋奖品及规则

爆点六：出国旅游活动、享受五星级酒店包吃包住

报名条件：

※ 付款 ** 元定金即可获得参加活动资格

※ 免费入住五星级酒店四晚

※ 获得百万价值内训打造

※ 获得现场超级政策和福利

※ 获得新品发布第一时间赚钱机会

※ ××× 元定金可用于现场或以后拿货抵扣货款

※ ……

工作安排：

※ 组织核心代理开动员大会

※ 告知本次会议活动目标

※ 传达会议现场的福利政策

※ 动员所有核心领袖邀约代理参加

※ ……

 案例分享：

某微商品牌方筹备做一场招商会，设定招商目标为200人。根据以往数据统计，招商会的转化率在20%左右，那么就需要至少邀请1000人参加；再把这1000人的任务安排给具体的核心代理去执行，核心代理再逐层落实到每个下属代理身上；会务组根据会议举行的时间，计划定好代理完成邀约的时间节点和任务节点。

董事群进行公布并要求和团队长传达到团队群，导出所有代理手机号码，分发给各领袖总代，逐一打电话给代理（公司监督协助进程），逐个代理电话或语音视频沟通（领袖总代监督借助进程），以此类推！

月底安排一堂CEO的公开课，插入活动介绍的环节，促进新人参与活动邀约视频（导师、品牌创始人、代表人物等）。

5.1.5 会务操作流程

会务执行计划是根据会议活动策划案确定的目标、时间、地点、邀约节奏和邀约方案等量化性指标，将会议活动分为会前、会中、会后三个阶段，详细制定出每个阶段的会务项目组人员分工、岗位职责，这部分内容在第四章 4.2.2 会务系统构建中已有讲解。

本节侧重讲解会务系统中的流程设计、会务管理及具体操作标准等内容。

1. 流程设计原则

根据实际的会议活动安排，会务组负责人需要会前就设计出会务活动各阶段的流程安排。会务流程设计要遵循三个基本原则：

① 每个步骤的时间节点；

② 每个步骤的第一责任人和配合人员；

③ 每个人在每个时间节点需完成的工作及完成标准。

2. 会务流程设计

培训会务活动有大有小，一场成功的会议活动需要团队配合才能完成，不是一个人就能操作的，所以，需要学会组建团队，靠团队取得胜利。

在微商的会议营销活动中，主要有小型沙龙分享会，有较大型的内训会、招商会、新品发布会等。

一般的会议活动基本上有三大流程：

① 会议活动前的准备；

② 会议活动中的演讲；

③ 会议活动后的跟进。

其中，这三大流程串联起来的三个板块内容是直接决定一场会议活动能否成功的重要因素。

一般的会议活动因素占比为：

① 会前准备占 30%；

② 会中演讲占 40%；

③ 会后跟进占 30%。

下面给出几个主要会务活动的流程设计，供参考：

内训会务参考流程：

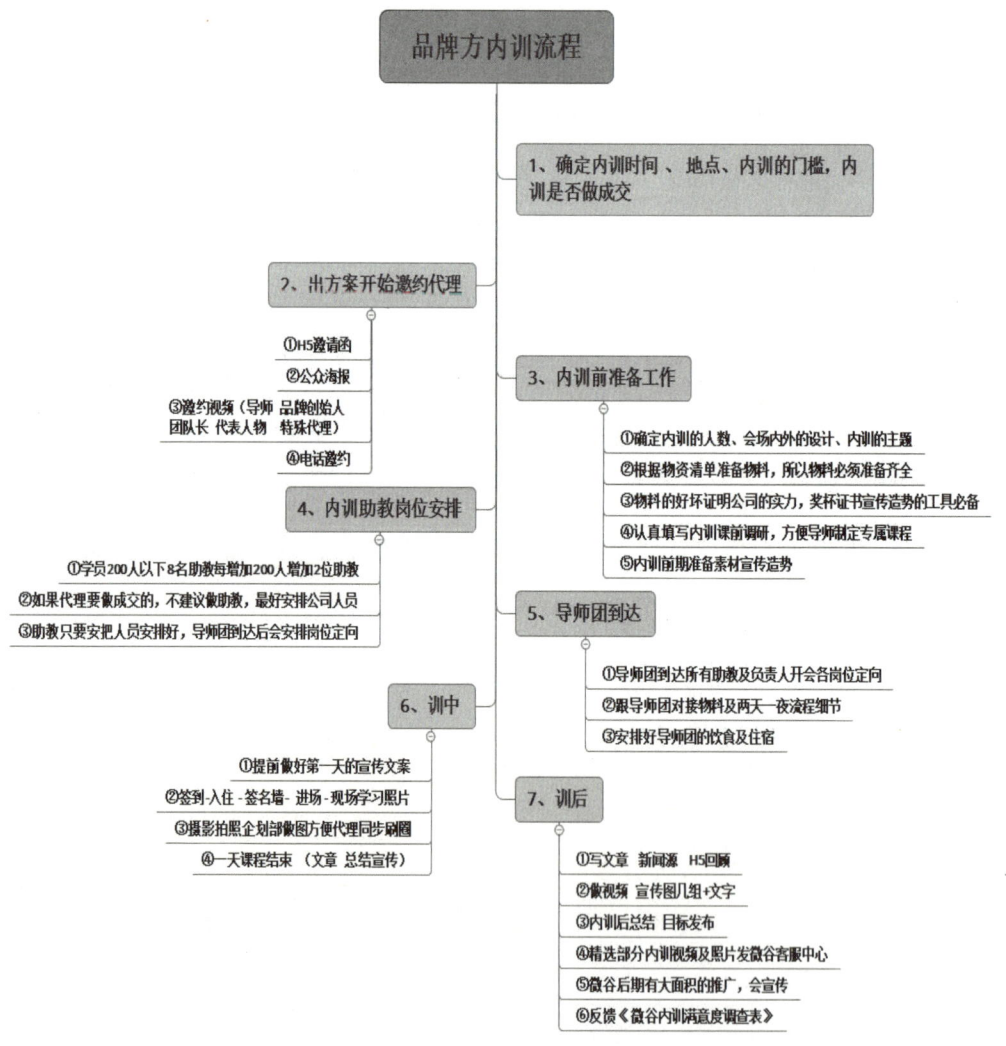

图 5-11　内训流程图

表 5-3 新品发布会务参考流程

新品发布会流程

入场篇	时间	流程	内容	细节内容	画面	音乐	人员
入场篇	11:00-13:00	花絮拍摄	模特指引嘉宾与豪车合影	一楼豪车区	直播—楼画面/企业宣传片	候场音乐	安保：一楼豪车区、三楼门口检票区、明星休息区、宴席区、厅内，各方位秩序维护；礼仪小姐通道引领、合影区服务、入口引领、宴席区服务
	12:00-13:00	豪车拍照	豪车区模特穿唐装持产品与来宾合影，现场安保维持秩序	一楼豪车区	直播—楼画面/企业宣传片	候场音乐	安保：一楼豪车区、三楼门口检票区、明星休息区、宴席区、厅内，各方位秩序维护；礼仪小姐通道引领、合影区服务、入口引领、宴席区服务
	11:00-13:00	展示区拍照	来宾可穿龙袍与皇后服坐龙椅拍照，展示区有古筝演奏	三楼展示区	直播—楼画面/企业宣传片	候场音乐	安保：一楼豪车区、三楼门口检票区、明星休息区、宴席区、厅内，各方位秩序维护；礼仪小姐通道引领、合影区服务、入口引领、宴席区服务
	12:00-13:00	入场	嘉宾签到凭入场券入场	暖场音乐，宣传片播放		礼仪小姐检票入场
		参观产品	产品展示区安排古筝演出，可参观产品、了解企业文化、品牌文化、咨询产品模式	产品展示、模式了解、企业文化解读	产品广告片	配乐	安保维持现场秩序
	12:55-13:00	催场	安排工作人员催场，主持人提示各位来宾就坐	暖场音乐，宣传片播放	产品广告片	配乐	安保催场
	13:00-13:15	嘉宾入场	嘉宾在礼仪的引导下入场就坐		主画面定格	进场音乐	安保引导，模特引位
开场篇	13:15-13:18	灯光秀	全场熄灯，灯光秀表演	灯光师配合，音乐配合	视频素材配合	配乐	话剧演员、沙画演员
	13:18-13:23	主持人开场	主持人开场概述会议并介绍现场嘉宾	灯光跟随，嘉宾起立挥手致意	大屏幕直播	配乐	主持人画外音，灯光配合
	13:23-13:35	品牌宣传	潘柳海自创业初期开始历经抗战时期、改革开放时期至今的一个微版演绎	沙画配合，演绎人员就位，光束灯配合	沙画	配乐	主持人画外音介绍细节
	13:35-13:40	主持人互动	主持人互动，引爆现场气氛	主持人引爆现场气氛，与来宾互动	大屏幕主画面	配乐	主持人互动，督导配合
启动篇	13:40-13:45	领导致辞	礼仪邀请高寿董事长上台致辞	礼仪就位，话筒准备，大屏幕播放画面	领导画面定格	上场配乐、结尾处配乐	礼仪引导上台、递上话筒及发言稿、献花
	13:45-13:46	主持人串词		承上启下	LED 播放主画面	大屏幕主画面	配乐	
	13:46-13:51	领导致辞	礼仪引导钱旺集团领导上台致辞（暂定）	礼仪就位，话筒准备，大屏幕播放画面	总经理画面定格	上场配乐、结尾处配乐	礼仪引导上台、递上话筒及发言稿、献花
	13:51-13:52	主持人串词		承上启下	LED 播放主画面	大屏幕主画面	配乐	
	13:52-14:02	趋势演说	礼仪邀请教头上台演说（协会）微商趋势	礼仪就位，话筒准备，大屏播放画面	PPT准备	上场配乐、结尾处配乐	礼仪引导上台、递上话筒及发言稿、献花
	14:02-14:03	主持人串词		承上启下	LED 播放主画面	大屏幕主画面	配乐	
	14:03-14:05	启动仪式	邀请所有启动嘉宾上台进行启动仪式（圣火启动仪式）	礼仪引导嘉宾上台进行启动仪式并合影留念	待定	启动仪式配乐	礼仪舞台两边引导
	14:05-14:07	主持人串词		承上启下	LED 播放主画面	主持人可以根据品牌或产品互动	配乐	主持人互动，VJ和督导配合
	14:07-14:10	品牌签约	（钱柳微商执行总裁姜大海与微谷徐义）品牌战略合作签约	礼仪就位，卷轴准备，大屏幕播放画面	签约画面定格	配乐	礼仪引导上台、递上卷轴及毛笔、印章
	14:10-14:13	合作签约	钱柳微商COO侯俊杰与王伟忠战略签约	礼仪就位，卷轴准备，大屏幕播放画面	签约画面定格	配乐	礼仪引导上台、递上卷轴及毛笔、印章
		互动与分享	王伟忠分享（5-8分钟）				
	14:13-14:14	主持人串词		承上启下	LED 播放主画面	大屏幕主画面	配乐	
	14:14-14:47	产品介绍	礼仪邀请专业中医上台解说功效、产品	礼仪就位，话筒准备，大屏播放画面	PPT准备	上场配乐、结尾处配乐	礼仪引导上台、递上话筒、产品介绍人准备
			邀请产品研发负责人上台介绍产品	台上与其他品牌客商做比较，邀请来宾上台体验分享	PPT准备	轻音乐	模特准备
			根据老师的进度安排，模特手持产品现场走秀（泡沫的姜茶让来宾现场体验）	模特走秀，产品展示	现场直播	欢快音乐	物料组集赞奖品准备
	14:47-14:50	主持人串词		承上启下	LED 播放主画面	大屏幕主画面	配乐	
成交篇	14:50-16:20	模式讲解	讲师人员（徐海峰）	模式资料准备	PPT准备	配乐（讲师自备）	安保就位，明星待位
		吴卓羲	唱歌2首				
		现场成交	老师现场握单互动	现场成交可获相应抽奖机会（餐券与定单装订在一起）	模式画面定格	羸单音乐	女主持人成交区报单
		明星出场	邀请明星出场互动（磁金蜜）		签约壶事长与明星合影留念		
	16:20-16:25	主持人串词		承上启下	LED 播放主画面	大屏幕主画面	配乐	/
结尾篇	16:25-16:35	幸运奖	现场来宾全体参与抽奖	大屏幕现场抽奖	抽奖软件滚动	抽奖音乐	领导上台授奖
	16:35-16:37	主持人串词		承上启下	LED 播放主画面	大屏幕主画面	配乐	
	16:37-16:45	壹事授牌	邀请明星与运营方领导为壹事授牌（合影）	礼仪引导壹事上台	授牌流程及壹事上台	大屏幕主画面	配乐	礼仪小姐送上授牌，运营方领导准备
	16:45-16:46	主持人串词		承上启下	LED 播放主画面	大屏幕主画面	配乐	
	16:46-16:55	集赞领奖	按不同集赞数量可获不同奖品	根据现场集赞，来宾直接凭手机上台验证集赞数	请财务人员审核	欢快劲爆音乐	礼仪小姐送上奖品
	16:55-17:00	主持人串词		承上启下	LED 播放主画面	大屏幕主画面	配乐	
	17:00-17:30	合影留念	来宾自由合影留念离场		LED 播放主画面	/	结束音乐	安排领导离场休息
媒体采访							
晚宴篇	18:30-20:30	晚宴	成交客户参与晚宴（分开）	现场壹事长致辞、领导答谢		乐队演出/明星演出	

5.2 组织筹备会

由会务总监召集所有相关会务人员，召开筹备会，按照会务流程安排表分配各工作小组各自的任务内容、负责人员、人数安排，明确工作要求及注意事项。

5.2.1 人员分组

按照会议类型与参会人数确定后，就需要对会场内外人员进行分组。以一场200人的内训会为例，建议分8-10组，300人12组，400-500人16组，以此类推。但是无论多少人组数不要超过20组，因为人少组多的话会导致不聚气，不利于做团建、做成交。

场内会务分组：根据实际会议目的需求来设置数量，侧重成交的则安排同个团队的分到一组；侧重团队凝聚力的则将所有团队打散分组，其他类型会议同理。

场外会务分组：迎宾组、拍摄组、签到组、签到墙服务组、入场引位组以及各类助教人员等。

例表：安排入场会务人员工作可参照下表

表 5-4　入场会务人员工作安排表

流程	内容	负责人员	人数安排	要求	注意事项
入场篇	花絮拍摄	1. 摄像负责拍摄现场各个场景照片； 2. 摄影要负责投屏与视频录制。	摄影摄像组	2人	1. 抓拍精彩瞬间为后期宣传提供素 2. 拍摄视频	前期做好一切准备工作，保证设备电量充足，会议活动记录完整。及时整理拍摄内容并清空相机内存卡空间，制作电子相册。
	接待迎宾	迎接客户办理签到，协助办理报到手续，中场休息纽迎宾组织客户进场，课程结束负责送宾。	迎宾组	8—10人	1. 面带微笑，积极热情。 2. 服装统一，姿势统一。	1. 如果是本公司工作人员，需要确认有没有停车场，电梯位置哪里，拐角数量多少个等。按实际情况安排人数。 2. 如果是外聘礼仪小姐，要专人负责，反复培训话术，例如：您好，请问您是来参加XX会议的吗？这句话要反复教给他们，每个人至少复述五遍以上，确保他们不会说错公司名称。
	签到台签到	核对学员身份，查验门票，发放胸牌，学员信息登记统计，及时向会务长汇报学员签到情况。	签到组	3—6人	1. 会议入场签到，参会人员名单核对。 2. 坚持每人发放相关证件，凭证入给予办理签到手续。 3. 每半天签到一次，会务期间必须严查进出会场人员 4. 非参会人员不得进入，若有遗落混杂，签到组与门卫人员共同承担责任。	1. 未带及门票任何参会资料的学员，先进行身份证核实，证实学员身份后，再给予办理签到手续。 2. 内部员工参加学习，须提供相关部门审批的申请表，名只限本人参会使用，不得转让他人，一经发现立即取消听课资格，给予相应的处罚。 3. 签到人员和所有工作人员一律不允许为容户私自留牌。 4. 注意签到料的保密性，一律不允许签到人员以外的其他人随意翻阅签到资料。
	签到墙签到	签名、拍照服务	签到墙服务组	2人	1. 当学员走至签到墙时，及时上签到笔。 2. 应学员要求，使用学员本人手机进行拍摄留念等。	无
	统一进场	按照时间，引导学员统一进场	迎宾组	4—6人	入场时统一站在会门口接待并监督检查是否有持有门票，非参会人员不得入内。	无
	位置指引	引导进入场内学员就座及疏散学员	迎宾组	2—4人	1. 正式开始前统一站在会场门口 2. 熟悉会场位置安排 3. 礼貌接待参会人员进入会场内部，积极上前询问参会人员位置情况，指引至座位入座后马上回到岗位迎接下一位学员。	无

由指定人员统计前期邀约结果,确认参会人员总数,并再次与各方人员确定时间及地点。然后整理最终参会人员出席情况,以便随后确认物料准备数量及会务人员的岗位分组及负责内容。

 例表:安排会务人员分组可参照下表

表 5-5　会务人员分组表

名称	负责内容
助教队长	认真负责,记忆力好,对工作熟悉。选择一位负责任的当助教队队长。队长责任重大,对两天一夜的培训起到关键性作用。第一天上课开始前队长需要清点所有的物料,熟悉会场的灯光开关,物料的具体数量,助教人员数量。安排其他助教对接相应工作。每一场结束所有学员离场后清点会场,注意查看有没有落下的手机、钱包等贵重物品。
迎宾组	按现场需求(酒店门口、电梯口)适当距离两人一组,以笑脸迎接应邀人员,提高会场服务体验,要有较强的服务意识。
签到墙服务组	当学员走至签到墙时,及时递上签到笔,并应学员要求,使用学员本人手机进行拍摄留念等。
签到	会议入场签到,参会人员名单核对,坚持每人发放相关证件,凭证入场,每半天签到一次,会务期间必须严查进出会场人员,非参会人员不得进入,若有遗落混杂,签到组与门卫人员共同承担责任。
门卫组	开课前统一站在门口礼仪接待并监督检查课间进出人员是否佩戴相关证件,做好提醒工作。非参会人员不得入内,否则要承担相应责任。 注:吃饭启用轮流制,会务期间任何时间不得出现空岗现象。
入场引位组	正式开始前统一站在会场门口,礼貌接待参会人员进入会场内部,积极上前询问参会人员位置情况,指引至座位入座后马上回到岗位迎接下一位学员。
接待老师助教	细心耐心有礼貌。专门负责接待老师,负责老师讲课期间的吃住行安排。上课前把老师从房间接到会场,上课时负责在舞台旁边准备老师的饮水,下课后负责把老师带到房间休息。每场会议结束提前安排老师的饭菜,确保老师下课后能吃到饭,以清淡口味为主。

续表

名称	负责内容
跑麦助教	机灵敏捷，腿脚快。第一天上午老师课程开始之后，就会有互动环节需要助教给麦。每次学员分享都要主动送麦。特别需要注意的是递送麦克时，不要直立跑送，要放低身体姿态，不要妨碍摄像机拍摄和学员视线。麦不要直接对着音响，否则轻则产生巨大声响，重则烧坏麦克风或者音响。麦不用的时候要及时关掉。需要特别注意的是留心老师的麦，如果一旦发现老师的麦没有声音则需要立即更换。每场上场前检查麦是否有电，如果不是满电状态应提前更换电池。
计分助教	思路清晰头脑敏捷。负责记录全场的分数。从第一天上午开始，主持人上场开始随时有可能加分，记分员需要全神贯注地听。老师或者主持人上场都会有加分，每场有互动环节，在互动环节都有加分。每场结束后把分数统计好，并在主持人上场前报给主持人。
护场助教	开朗热情，大方不拘谨。每场老师上场前需要把老师从门口引上场，一般需要4-6人，前面2人负责引路，后面跟随。需要注意的是老师走路比较快，要跟上老师的脚步，必要时可以小跑跟上。待老师登上舞台后，护场助教分别站在舞台的左右两侧，成跨立状态向观众和学员问好，3到5分钟后即可离开。
物料助教	会议第一天上午使用的物料：胶带、空白红旗、旗杆（旗子旗杆提前套好）、班长职责（每组5张装订好）、白板笔（每组2支）、红色笔（每组1支）、A1大白纸（每组5张）。听老师口令，提前需要把这些物料准备好，放在学员看不到但是助教容易拿到的地方。第一天上午开始分组的时候准备这些物料。另需准备白板一个，白板笔3支，白班擦一个（上课的时候随时用）。
财神助教	行动敏捷，随叫随到。发钱的助教需要注意，如有发钱的环节，发钱的时候需要注意力集中，做到快速准确。会议当中可能会有老师带学员做活动或游戏，需要用钱或者换钱的环节，要注意钱要发放准确，并且作好记录。
场控助教	熟悉会场，能对接主持人。每半场会议结束后需要更换座位，场控助教要跟主持人沟通如何调换座位。会议灯控，要求熟悉会场电灯开关，能随时开关会议灯光。随时观察学员的状态，两天一夜需要记大量的笔记，因此很多学员的笔会用完，需要随时做好更换的准备。 每场进场的时候助教需要站在门的左右两侧对进场的每一个学员击掌或者鼓掌欢迎，需要用饱满、热情的状态鼓掌或者欢迎，让学员一进场就感受到热情。两天一夜的培训有3到4场小组PK环节，每次上台PK的时候，助教需要把控全场的纪律，提醒他们不要大声喧哗，严重的扣分处理。

5.2.2 物料准备

一场会议活动能否有效开展,很大程度上取决于会前准备工作是否充分,而会前物料的准备情况直接影响着会议活动的顺利进行。需要根据会议流程中设计好的内容环节所需物料列出清单,按规格采购,提前准备,并做好物料管理,避免浪费。

1. 会前物料准备

一般培训会议,会前物料准备工作比较烦琐,下面我们给大家一个参考清单。

例表:所需物料可参考下表

表 5-6 培训会议物料单

名称	数量	备注	实图补充
老师展架和横幅	各一个	横幅内容:热烈欢迎中国微商教育第一人徐东遥老师莅临+品牌/团队名字	
记号笔	记号笔按组别(要求:红色、黑色蓝色各3支)		
翻页笔及备用电池	翻页笔1个以上,备用电池按实际情况准备	5号电池10个以上(南孚) 7号电池4个以上(南孚)老师授课用	
话筒及备用电池	话筒4个以上,备用电池按实际情况准备		

续表

名称	数量	备注	实图补充
白板	白板一个	宽 1.2 米以上，能夹住白纸和白板的夹子 8 个	
白板笔、白板擦	老师写板书用这种斜角记号笔，蓝色、红色、黑色各 2 支		
会议需提供备用电脑	1 台	音控师使用	
学员证（写上学员名字）	按参训学员人数（多备几个空白的牌）	学员证，助教要求统一服装。	
会场桌椅布置方式	必须岛屿式（组数控制在 20 组以内）	桌面物料准备：组牌、举牌、致学员的一封信（学员笔记本、笔）	
麦贴 4 个以上		淘宝链接	

续表

名称	数量	备注	实图补充
大白纸（厚点为佳）	大小为787×1092mm（全开白纸）100克的为佳	每组准备5张	
橡皮筋	100根	学员捆作业	
笔记本、笔	学员人数	学员上课做记录用（笔2支，笔记本必须50页以上，每人一份，笔多准备50%）。注意：不能准备按压弹簧笔	学员自带或主办方准备
桌布	会场桌子全配桌布	可遮住桌子前面到地上	
透明胶带	2卷	学员使用	
助教	20以内学员6位助教；200以上学员10位助教	具体按情况定	
现金3000元	必备	讲课激励学员用	
学员衣服	每人一件	定制统一服装	

续表

名称	数量	备注	实图补充
龙虎榜	广告公司可制作，主材料KT板，标准尺寸：90cm×70cm 统计分数	学员统计分数用 注：按照组数留两行备用	
组卡（台卡）	按组别数（组数控制在20组以内）	一面需留空白（第一组、第二组……）	
桌面背景（大屏幕背景）	1个		
签到墙、签到指示牌	按实际情况准备		
导师欢迎墙	1个		
核心代理×展架	按情况准备		
奖杯及荣誉证书 根据参考数量表务必准备齐全（奖项越多造势越大），证书奖杯是代理宣传造势的工具。	荣誉证书多备为佳，有时会写错（要提前盖好公章）具体数量参考附表	结业证书每人一本 最佳辅导员奖：1位 优秀辅导员奖： 按组数准备（每组一个） 最佳个人奖： 团队一等奖：1位 团队二等奖：2位 团队三等奖：3位	

续表

名称	数量	备注	实图补充
饮用水	按情况		
横幅	3条	前或后，左右，红底白字	品牌的一些宣传、口号等，如：
举牌	每组一个 标准尺寸：60×50cm（务必要支架杆）		
音控设备		请提供实物图至内训对接群确认	
对讲机（附带耳机）	最少6台，最好助教人员每人一个		
会场横幅	3条	具体根据实际情况调整，长短根据会场实际情况而定	主办方自己根据品牌+学院元素制作 红底黄字（包括字体都要相同）

2. 物料的具体要求

以下是微谷教育组织过的培训会议的物料设计要求，大小规格仅供参考：

图 5-12 会议证件

图 5-13 学员手册(学习公约、奖惩办法)

图 5-14 三角组卡(26cm×26cm-KT 板)

图 5-15 举牌（60cm×50cm）

图 5-16 奖项牌（40cm×30cm-KT 板）

图 5-17 龙虎榜（120cm×70cm-KT 板）

图 5-18　麦贴（18cm×7cm）

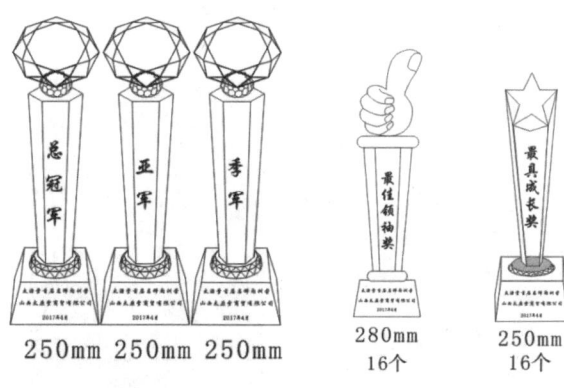

图 5-19　奖杯（规格如图）

图 5-20　荣誉证书

图 5-21　结业证书

图 5-22　喜报

图 5-23　抽奖券

3. 物料管理

首先，物料规格标准化。

从物料准备期开始，有效管理物料规格的新增与变更，制定出会务物料管理标准。将物料规范管理常态化有利于提高会议活动的整体效果。

其次，物料内容精准化。

仔细检查印刷物料中有没有出现错别字、病句等情况，仔细核对内容与本次会议主题是否有偏差。物资做到每座一份，每人一份，要检查、核对有记录，记录结果有数据。

最后，物料流动"一单一清"。

做好物料对接以及现场物料整理收集，包括白板、白板笔、白板擦、话筒电池、翻页笔等物料的随时看管，会议结束后整理归还。每一次会务的物料有清单，有金额，完成一单清理一单。

有些易耗品物料要多准备一部分，防止出现材料短缺或当参会人员想问你多要一份材料时拿不出来的情况。

5.2.3 会场管理

本节内容以微谷教育给微商品牌方所做内训的会场管理为例，下面的会场布置仅供参考：

1. 会场空间要求

一般内训会的会场往往都会安排到城市知名度比较高的星级酒店，选择会场空间多是规则四边形，最好是长方形，并且中间无立柱、无障碍物，因为有柱子会影响视线。

在会场中一定要选择有地毯，窗户有厚窗帘或遮光布，保证拉住窗帘时可以达到室内没有任何光线，灯可调控，麦克风及音响设备优良（最好可移动），桌椅可移动并且具备桌布及椅套，形成全封闭式的培训场地（如下图所示）。

图 5-24　培训会场全景参照 1

图 5-25　培训会场全景参照 2

图 5-26　培训会场全景参照 3

2. 会场局部区域参照

培训会场除了空间布局、桌椅音响等酒店提供外，还需要培训会务方准备自己预先的物料。如：导师欢迎墙、喜报墙、媒体宣传墙的制作喷绘，有的还会制作核心代理 X 展架、签到墙等喷绘。这些物料需要培训方与品牌方提前沟通，收集相关图片、广告语、重要人物照等（涉及重要人物照的需要提前做好肖像权使用授权等法律文件的签署），具体样式尺寸可以参照下面系列图。

图 5-27　导师欢迎墙（尺寸 8.4m×4.4m）

图 5-28　喜报墙（尺寸 8.4m×4.4m）

图 5-29 媒体宣传墙

图 5-30 核心代理 × 展架

图 5-31 签到处喷绘

3. 会场座位安排

确定了组数及组员，就可以根据实际场地与相对应的会议类型来设计座位图。

一般座位安排主要有以下几种形式。

剧院式：在会议厅内面向讲台摆放一排排座椅，中间留有较宽的过道。

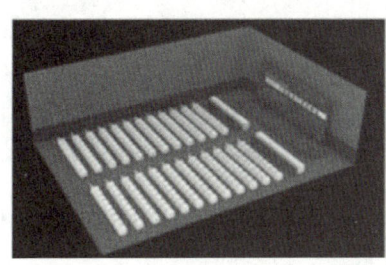

图 5-32

优劣势：在留有过道的情况下，最大限度地摆放座椅，最大限度地将空间利用起来，在有限的空间里可以最大限度容纳人数；但参会者没有地方放资料，也没有桌子可用来记笔记。适用于新闻发布会、论坛、辩论会、启动仪式等。

课桌式：会议室内将桌椅按排端正摆放或成"V"型摆放，按教室式布置会议室，每个座位的空间将根据桌子的大小而有所不同。

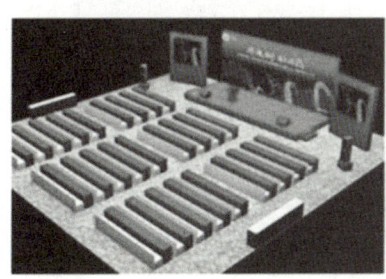

图 5-33

优劣势：此种桌型摆设可针对会议室面积和观众人数在安排布置上有一定的灵活性；参会者可以有放置资料及记笔记的桌子，还可以最大限度容纳人数。适用于论坛、新闻发布会、研讨会、培训等。这种形式便于听众作记录。

围桌式：圆桌式布置一般用于中餐宴会和培训会议。

图 5-34　会场管理会场管理

图 5-35　会场管理圆桌式培训会议布置图

优劣势：每个圆桌可坐 5～12 人。在培训性会议中，每个圆桌只会安排 6 人左右就座，这样有利于同桌人的互动和交流。

沙龙会式：以聚会交流为主。

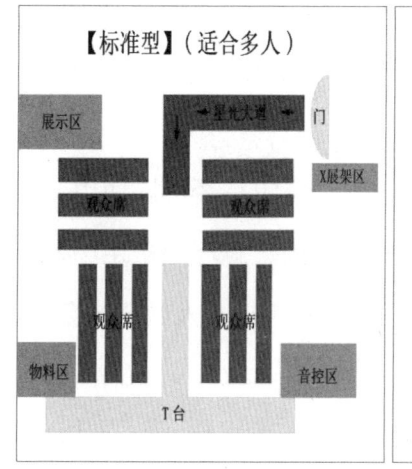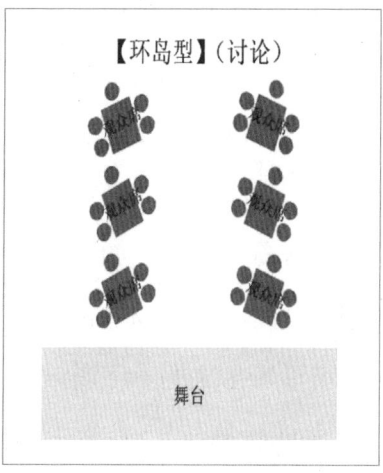

图 5-36　沙龙会标准与环岛型

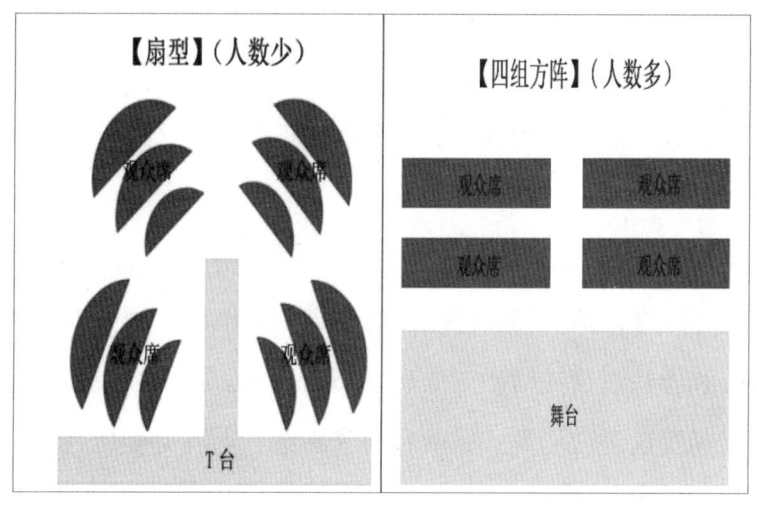

图 5-37　沙龙会扇与四方矩阵型

4. 场地排查

会议前对所有供电线路、灯光照明线路和音响设备进行彻底检查，排查电器设备漏电的隐患；并在会议期间安排专人进行巡视，保证会议期间的正常使用。掌握可用的音像设备的类型和存放位置的清单，并且事先了解会场附近的租用设备公司的电话和地址，备有紧急维修师的姓名和电话。

另外提前半个小时确定场地情况，确定是否可以使用，并且要在附近安排备用场地。如果场地无法使用，就启用备用场地，利用半个小时的时间做好场地布置，并及时通知与会人员新的会议地点，对更换场地所带来的不便道歉。

5. 建群管理

每次会务进行前期，建立微信群，组织参会人员进群，通知会议相关事宜。由群主发布群规、课程表、出行表、会议酒店定位、酒店周边交通和用餐信息等。会务中，配合讲师课程内容，进行群内互动。会务后，群内加强交流，聊聊课程感受，以备后期课程的开展。

（1）导师安排

导师安排包括住宿安排以及课程期间的时间、用餐安排等。要求及时和导师对接住宿酒店信息、航班行程信息和会议流程信息等。导师必须提前适应场地、音响和灯光系统；若有必要，还要安排预演，保障会议效果。

（2）活动期间用餐安排

这里的用餐安排包括参会人员、导师以及工作人员的各个安排，都需要提前告知到每个人。

通过以上会前安排，最终还是要建立会务管理规范，形成书面的会务管理制度，逐步建立整个会务系统的管理规范，为打造高品质的会务服务管理提供内部标准。

例：

会务内部管理规定

1. 树立强烈的责任意识，工作积极认真，全力以赴，发扬实干精神。

2. 做助教期间，绝对服从上级安排，没有任何借口，有不服从者立即取消助教资格。

3. 做助教期间不得随意请假，如有特殊情况，需向会务总监请假；未经请假，擅自没来或离开者，一律取消助教资格。

4. 迟到1-10分钟，每人乐捐50元；迟到11-30分钟（含11、30分钟）之间，每人乐捐100元；迟到30分钟（不含30分钟）以上，取消当次课程助教资格，如有特殊情况，需向大家说明。

5. 未经允许不得擅自离开工作岗位，特殊情况需找人顶替岗位。不得擅离职守，违反者取消当次课程助教资格。

6. 严格按规定的助教服装统一着装（上半身着职业衬衫，下半身着深色裤子，深色皮鞋、袜子），男生发型一律为短发，并梳理好发型；女生长发必须扎起来，并梳理好发型，同时必须化淡妆，否则取消当次课程助教资格或每人次乐捐50元。

7. 当天课程在中午结束时，需整队集合检讨、反省、总结；当天课程结束时，要积极清理现场废弃物品，同时需整队集合检讨、反省、总结，不得擅自离开；如有突发情况，马上进行调整，并检讨、反省、总结。

8. 守门者要严格坚守只认牌不认人原则，没有严格坚守者，一律取消守门助教的助教资格；连带责任者，降级处理。

9. 助教及非助教人员不得以任何借口为客户领取座位牌，一经发现立即取消助教及客户听课资格，并通报批评。

10. 会务组人员不以身作则，带头违反会务制度规定者，立即降级或开除处理。

11. 所有会务、助教团队必须统一思想、统一文化，建立可传承的助教文化，语言（礼貌用语及处理问题的方法）、动作、笑容、形象（服装、发型等）必须高度统一。

5.3 控场三组合

一场会议营销活动，会前准备充分是基础工作。会议活动进入开场阶段，会议活动的工作开始从会场外向会场内转移。

一旦会议正式开始，就需要做好会场内外的空间隔离控制，人员不能随便进出，这时的内外"门神"就要严格坚守岗位，场内工作人员必须就绪到位，音控按节奏播放音乐，主持人开始暖场，共同活跃会场气氛，迎接演讲老师的上场。

5.3.1 会议主持

会议主持人的工作有三项：

1. 串联整个会议流程，保证会议按照计划向前推进，完成所有内容；

2. 调动场内气氛，与主讲人配合调动听众情绪；

3. 塑造主讲人的形象和课程、会议的价值。

微商行业会务活动的主持人与其他行业的主持人大同小异，微商行业的主持人是连接台下学员和台上讲师的重要纽带，所以在要求上会略有不同。

总体来说，主持人应具备两大基本素质，包括精神素质和业务素质。

精神素质

会议主持人形象要好,有人格魅力。在微商行业中,主持人站在台上的时间远远少于讲师在台上的时间,可是在暖场热身环节,主持人人格魅力的作用显得尤为重要。

会议主持人心理素质好,有气质。主持人只有功底扎实,加上不断反复学习,反思更正,主持才能形成独特风格,才能准确到位。同时,气质优秀必然能够吸引大量的观众,为后续讲师讲课奠定一定的氛围基础。

业务素质

一名微商行业主持人最应具备的业务素质包括较高的文化素质、迅捷的语言组织能力、严密的逻辑思维、清晰准确的语言表达以及临场应变发挥能力和独特的个性风采,等等。换言之,主持人只有在拥有大量知识,主持节目的高超能力并掌握具体操作技巧时,才有可能自如地驾驭节目。

另外,除以上提到的两点素质之外,主持人要有强烈的竞争意识。下面有几套微商行业会议主持的参考话术:

【催场话术参考】

1.【10分钟】尊敬的各位来宾/学员,欢迎您来到本次××品牌的活动现场。我们的课程/会议将在10分钟后准时开始。请大家提前做好准备,有需要上洗手间的来宾请您抓紧时间。在本次课程/会议进行期间,禁止吸烟、禁止吃零食、禁止随意走动。并将您的手机关闭或调成静音状态,谢谢您的配合!

2.【5分钟】尊敬的各位来宾/学员,您现在来到的是××品牌的活动现场。我们的课程/会议将在5分钟后准时开始。请各位来宾迅速回到您的嘉宾席就坐，并调整好您最舒服的坐姿，开场后请不要随意走动，以免影响您自己及身边的朋友学习。请各岗位工作人员做好准备。

3.【主持人上场】下面距离××品牌的活动课程/会议还剩最后10秒钟，来！各位伸出我们发财的右手跟主持人一起倒计时10秒钟。当主持人数10的时候，大家回应。用热烈的掌声欢迎我们的主持人闪亮登场！

4.【开场白参考】

同聚天下精英，同成千秋伟业。在场最有智慧、最有能量的嘉宾大家现在好！我们都说一流的社会一定会有一流的人群，一流的人群一定会有一流的精神面貌和雷厉风行的士气。首先我能够站在这里主持，非常感谢××品牌的×总，因为有他们搭建这么好的平台才有我们相聚的机会，各位说是不是？借助大家的双手用掌声表示感谢。

5.【讲师出场】

一切为学习让路，因为学习改变命运。请允许我隆重介绍下今天课程/会议的主讲老师"×××""×××""×××"（老师的各种头衔）××老师。那么××老师莅临我们现场，要不要拿出我们百分之百的激情？百分之百的状态？来迎接×××老师，要还是不要？是嘴巴说还是一定要？一定要的举手我看一下？OK，下面请全体起立，并把双手举过头顶，响起我们最热烈的掌声、尖叫声、呐喊声，有请我们××老师闪亮登场！

5.3.2 会议音控

音控工作人员也是会议营销活动的一个关键幕后角色。一场会议活动中音控需要高度配合好主持人、讲师，用音乐带动全场。会前要熟悉场地，调试设备，对所需的音频、视频播放熟练掌握，对用到的PPT、文档等资料要提前整理好，还需要准备好活动流程表、课件、宣传片等其他相关资料。

会中需要保持注意力高度集中，时时关注流程的进展，特别是主持人的节奏，同时与督场人员密切沟通，确保活动的流畅性。每一场会议都应该有自己独特的风格，音乐也应该成系列，音控应尽可能根据活动流程需要选定好相应的音乐。

> **例：一场营销会议活动应该准备以下几种音乐：**

主持人上场音乐：音乐一定要激昂、振奋人心，可以让全场观众视线往主持人方向移动。

游戏音乐：欢快、激情、带动全场。

讲师上场音乐：音乐要震撼全场，要有 boss 上场的气氛。

鼓掌音乐：带有节奏感的，节奏稍快。

中场休息音乐：可以与暖场音乐相同，但是要适当舒缓。

成交音乐：音乐不仅节奏要快，音量也要大一点，给学员造成一种"来不及"的感觉，起到心理暗示的效果。

具体音乐也可跟讲师沟通确定。

5.3.3　会议演讲

会议进行中期，主要是由演讲老师把控，中间穿插主持人的连接环节、嘉宾分享环节、成交出单环节等互动环节，这些都需要主持人、讲师、音控及其他场内会务人员，也包括参会嘉宾共同来完成。

下面以一个两天一夜的培训会议进行表来展示。

表 5-7

		时间	流程	内容	细节内容	画面	音乐	人员
					会议进行中			
课程第一天	上午课堂	08:50–09:00	入场	学员入场	助教鼓掌欢迎学员入场	/	入场音乐	DJ、助教人员
		09:00–09:30	主持人开场	主持人开场	开场话术	/	DJ配合主持人上场音乐	主持人、DJ
			主持人互动	互动小游戏	活跃气氛、破冰	/	DJ配合互动音乐	主持人、DJ
			老师VCR	播放主讲老师个人资料	在播放老师VCR的时候灯控师关灯	播放视频	/	DJ、灯光师
			欢迎老师	欢迎老师上场	学员用最好的状态欢迎老师，助教护送老师上场，安排一个助教拍摄小视频	/	DJ配合老师上场音乐	老师、主持人、DJ、护场助教
		09:30–12:00	老师授课	老师破冰、授课	课程期间，所有助教人员按部就班，做好自己的职责	播放PPT、视频	DJ配合课程所需音乐	老师、DJ、护场助教
	下午课堂	13:20–13:30	入场	学员入场	助教鼓掌欢迎学员入场	/	入场音乐	助教人员
		13:30–14:00	主持人开场	主持人开场	开场话术	/	DJ配合主持人上场音乐	主持人、DJ
			主持人互动	互动小游戏（舞蹈）	活跃气氛	/	DJ配合互动音乐	主持人、DJ
			欢迎老师	欢迎老师上场	学员用最好的状态欢迎老师，助教护送老师上场，安排一个助教拍摄小视频	/	DJ配合老师上场音乐	老师、主持人、DJ、护场助教
		14:00–18:00	老师授课	老师授课布置作业	课程期间，所有助教人员按部就班，做好自己的职责	播放PPT、视频	DJ配合课程所需音乐	老师、DJ、护场助教
	晚上课堂	19:20–19:30	入场	学员入场	助教鼓掌欢迎学员入场	/	入场音乐	助教人员
		19:30–20:00	主持人开场	主持人开场	开场话术	/	DJ配合主持人上场音乐	主持人、DJ
			主持人互动	互动小游戏（舞蹈）	活跃气氛、1/3学员上台展示作业	/	DJ配合互动音乐	主持人、DJ
			欢迎老师	欢迎老师上场	学员用最好的状态欢迎老师，助教护送老师上场，安排一个助教拍摄小视频	/	DJ配合老师上场音乐	老师、主持人、DJ、护场助教
		20:00–22:00	老师授课	老师授课布置作业	课程期间，所有助教人员按部就班，做好自己的职责	播放PPT、视频	DJ配合课程所需音乐	老师、DJ、护场助教

会议进行中							
		时间	流程	内容	细节内容	画面	音乐	人员

		时间	流程	内容	细节内容	画面	音乐	人员
课程第二天	上午课堂	08:50-09:00	入场	学员入场	助教鼓掌欢迎学员入场	/	入场音乐	助教人员
		09:00-09:30	主持人开场	主持人开场	开场话术	/	DJ配合主持人上场音乐	主持人、DJ
			主持人互动	互动小游戏(舞蹈)	活跃气氛,1/3学员上台展示作业	/	DJ配合互动音乐	主持人、DJ
			欢迎老师	欢迎老师上场	学员用最好的状态欢迎老师,助教护送老师上场,安排一个助教拍摄小视频	/	DJ配合老师上场音乐	老师、主持人、DJ、护场助教
		09:30-12:00	老师授课	老师授课布置作业	课程期间,所有助教人员按部就班,做好自己的职责	播放PPT、视频	DJ配合课程所需音乐	老师、DJ、护场助教
	下午课堂	13:20-13:30	入场	学员入场	助教鼓掌欢迎学员入场	/	入场音乐	助教人员
		13:30-14:00	主持人开场	主持人开场	开场话术	/	DJ配合主持人上场音乐	主持人、DJ
			主持人互动	互动小游戏(舞蹈)	活跃气氛,1/3学员上台展示作业	/	DJ配合互动音乐	主持人、DJ
			欢迎老师	欢迎老师上场	学员用最好的状态欢迎老师,助教护送老师上场,安排一个助教拍摄小视频	/	DJ配合老师上场音乐	老师、主持人、DJ、护场助教
		14:00-18:00	老师授课成交(补货)	老师授课成交(补货)	课程期间,所有助教人员按部就班,做好自己的职责	播放PPT、视频	DJ配合课程所需(成交)音乐	老师、DJ、护场助教、品牌方工作人员
备注	课程期间助教的工作: 白板助教:当老师需要用白板的时候,快速上去把白板拿到舞台中间,扶好白板,中间需要擦白板或翻大白纸; 财神助教:老师在课程中不定期的会对积极性高的学员进行金钱奖励,当老师要奖励的时候要快速把钱送到学员面前,老师说给多少就给多少,如果多给了就不要再要回来了,不然会失去奖励的意义; 跑麦助教:机灵敏捷、腿脚快。第一天上午老师课程开始之后,就会有互动环节需要助教给麦,每次学员分享都要主动送麦。特别需要注意的是递送麦克时,不要直立跑送要放低身体姿态,不要妨碍摄像机拍摄和学员视线。麦不要直接对着音响,否则轻则产生巨大声响,重则损坏麦克风或者音响。麦不用的时候要及时的关掉。需要特别注意的是留心老师的麦,如果一旦发现老师的麦没有声音则需要立即更换。每场上场前检查麦是否有电,如果不是满电状态提前更换电池。计分助教:思路清晰、头脑敏捷。负责记录全场的分数。从第一天上午开始,主持人上场开始随时有可能加分,记分员需要全神贯注的听。老师或者主持人上场都会有加分,每场有互动环节,在互动环节都有加分。每场结束后把分数统计好,并在主持人上场前报给主持人。 接待助教:细心耐心有礼貌。专门负责接待老师,负责老师讲课期间的吃住行安排。上课前把老师从房间接到会场,上课时负责在舞台旁边准备老师的饮水,下课后负责把老师带到房间休息。每场会议结束提前安排老师的饭菜,确保老师下课后能吃到饭,以清淡口味为主。 助教队长(灯控助教):认真负责,记忆力好,对工作熟悉,选择一位负责任的当助教队长。队长责任重大,对两天一夜的培训起到关键性作用。第一天上课开始前队长需要清点所有的物料,熟悉会场的灯光开关,物料的具体数量,助教人员数量,安排其他助教对接相应工作。每一场结束所有学员离场后清点会场,注意查看有没有落下的手机、钱包或贵重物品。 门神助教:需要管理好学员的进出,学员进出频繁会干扰到会场的秩序,影响课程效果,所以有必要的时候提醒下进出的学员,老师会在中场安排大家休息的时间,没有什么要紧的事就放一放,在休息时间用再去处理。 物料助教:会议第一天上午使用的物料:胶带、空白红旗、旗杆(旗子旗杆提前套好)、班长职责(每组5张装订好)、白板笔(每组2支)、红色笔(每组1支)、A1大白纸(每组5张)。听老师口令,提前需要把这些物料准备好,放在学员看不到但是助教容易拿到的地方。第一天上午开始分组的时候准备这些物料。另需准备白板一个、白板笔3支、白板擦一个(上课的时候随时会用)。 护场助教:开明热情,大方不拘谨。每场老师上场前需要把老师从门]口引上场,一般需要4—6人,前面2人负责引路,后面跟随。需要注意的是老师走路比较快,要跟上老师的脚步,必要时可以小跑跟上。待老师登上舞台后,护场助教分别站在舞台的左右两侧,成跨立状态向观众和学员同好,3到5分钟后即可离开。课程期间品牌方如果有安排摄影摄像就需要帮摄影老师接出一条HDM线,用来连接摄像机,全程摄影摄像。在公开课上还需要安排速记员打知识点。							

5.4 整理数据包

会议结束后由专门人员负责将本次会议资料汇总，进行数据分析，总结经验，跟进参会意向客户，及时调整，把会议效果最大化。

5.4.1 数据统计

如果会议过程中有成交环节的话，财务组负责现场数据统计汇总，便于后期宣传推广，并且就整场会议活动所有支出与收入做整体结算。根据之前的费用预算表，添加实际费用金额做出费用结算表。如此次大会有多少人参与；此次大会达到了什么效果；做出了多少业绩；有哪些大咖出席本次活动；有多少代理现场升级；整场活动中，成交了多少；等等。

5.4.2 经验总结

会务组所有成员在会议结束后统一开总结会，并就自身工作提交文字总结。主要人员召开项目会务总结会，具体分析本次会议全程工作的优缺点，以便下次更好地开展工作。

会后还需要做好各种资料的收集归档。主要收集总结性、概括性的相关活动信息，主要包括文字资料、视频资料、素材资料，并以此次会议营销带来的"结果"为宣传主体。将上述过程中收集到的素材加以整理，制作相关海报或宣传照，并配上适合的文案内容，整合形成数据包，后期统一输出。

5.4.3　推广跟进

将得到的结果形成数据包，用于渠道推广会议成果宣传，宣传推广的渠道大致分为以下几种方式：

1. 自有渠道：在企业网站建立活动推广页面（体现活动背景及议程安排等）、品牌公众号；

2. 自媒体：微信、微博等自媒体进行阶段性的传播；

3. 外部渠道：百度、相关受众网站传播等，这条可以根据活动预算进行选择性的投放。

5.4.4　常见问题

~ 场外篇 ~

1. 未带学习卡的学员反映特殊服务台签到手续烦琐；（主持人统一提醒学习卡的佩戴情况，并且每组的桌长也注意配合提醒，必要时可以加入积分环节）

2. 签到台或特殊服务台值班人员有离岗现象；（用制度约束）

3. 有出现超出预计人数的参会人员，会务人员或助教应变能力不强，物品预备不够充分；（加强训练并安排有经验且机灵的助教人员）

4. 有的参会人员对会议的入场条件不够清楚，如参会函没填写也未加盖公章等情况；（反复提醒强调）

5. 会议现场签到时有出现秩序混乱的现象；（增加人员维护秩序或用积分制度、PK制度约束）

6. 会场大厅的布置不够整齐，特别是讲师画像粘贴不整齐；（重新布置，并对之前做该项工作的人员进行处理）

7. 会议现场签到人员的文明用语及行为不够规范；（活动前期有意

识筛选素质高的工作人员,并严格要求)

8. 场外迎宾人员的形象没经过严格挑选,热情度不够,欢迎方式比较形式化;(加强要求,并切实做到,否则给予相应的处罚)

~ 场内篇 ~

1. 有时会场的音响效果达不到要求;(需重新租赁音响或去场地提供方取得联系并要求解决)

2. 有时会场的空调不稳定,时冷时热;(及时关注会场学员反应以调节温度)

3. 跑麦人员的挑选及训练不够严格;(奖罚并重或换更好的跑麦人员)

4. 守门人员的严格力度不够,有未带学员参会牌进入会场的情况出现,守门人员的礼貌用语不够规范,热情度不够;(制度约束,并严格遵守执行)

5. 场内引导人员的专业度不够,有学员随意坐座位情况;(制度约束与积分奖励并行)

6. 场内站位助教的表情僵硬及灵敏度、服务意识不够,学员举手没看见或看见也不理不睬;(制度约束,严格要求)

7. DJ人员的熟练度不够,与主持人及现场总监的沟通不够;(前期多沟通,争取最大限度的契合)

8. 参会人员进场不准时,或会议开场不准时;(如有特殊情况可顺延点时间,但必须给出可接受的合理解释,根据具体情况而定)

9. 出现灯光配合不够到位情况;(现场音控与灯控人员保持高度专注,及时调整)

10. 岗位分工及职责不明确;(立即搞清楚自己的岗位职责,会议前熟读会务制度规范)

11. 会议进行期间,场内突然停电;(立即联系场地提供方,要求其迅速解决供电问题,与此同时,导师或主持人要求安抚参会人员情绪,并

有良好的控场能力）

  12. 会议进行期间，有参会人员生病或出现突发状况；（事先准备如急速救心丸等急救药物，并当场采取急救措施，拨打急救电话120）

  13. 会议期间，出现外部突发状况影响会议不能正常进行，如周围居民投诉噪声或非参会人员恶意闯入等；（立即与场地提供方取得联系，要求及时解决问题，与此同时，导师或主持人要求安抚参会人员情绪，并有良好的控场能力）

~ 后勤篇 ~

  1. 课程会务物资准备不充分；（严格按照物料清单准备，并提前检查与调试）

  2. 领取物品时比较混乱，不够规范、系统；（按照流程领取物品并登记，按时归还）

  3. 物品的清点、归类、摆放、保管做得不够细致；（安排专职人员负责工作）

~ 其他 ~

  1. 音乐单一,没有创新;（熟练老的,创造新的,重新整理引进新的音乐）

  2. 建议多开会务交流会议，对会务品质提升有帮助；（定期举行，周期性举行，带着问题及工作总结参加）

  3. 助教形象问题；（统一助教服装，跟讲师和课程风格相匹配，由总部领导协商解决）

  4. 主持人问题；（定期举行主持人训练，准备有3—4位候选人，根据不同的讲师风格及课程性质来选择主持人，可以考虑主持候选人到外面去学习别人的经验和不同的风格）

5. 场地问题；(可以判断人数的课程提前2—3个月预订场地)

6. 助教新人多，没融入助教文化；(由一半老助教带一半新助教；新助教的更换频率不易过频，应在每批新助教做三次大课助教更换为宜)

7. 有老油条现象；(严重影响大课会务品质或不听从指挥的老助教，可以取消其助教资格)

8. 老业务人员只注重业绩，不积极参与会务工作；(把做助教的次数及表现跟其本人的晋升挂钩；对于至今一次也没做过助教的老业务员，取消其助教永久资格，通报全公司批评)

9. 物品供应不及时；(会务应随时跟踪物品进展情况，加强跟行政部协调、跟踪等工作，根据具体情况变通处理)

10. 现场的装饰文化体现不够；(可以根据场地的具体情况和讲师的风格及课程的内容或节日的不同来装饰一些小物品，渲染一下气氛，一定在控制成本的前提下)

11. DJ人员的培养；(每次大课可以用来培训DJ人员，选定对DJ感兴趣、乐感好、态度好、反应快的人来进行培训)

12. 各位助教人员要进行礼仪用语、行为等训练；(在大课训练期间，可以增加一个训练环节，由专业人员来训练，由会务总监或指定人员来安排)

13. 会场的气氛问题；(可以考虑分阶段引进新节目，关键是内部的创新节目)

14. 签到资料有些是错误的;(可以直接反馈到总部客服中心主管那里，以便及时纠正)

15. 会务后的盘点不是很准确；(每次会务用品盘点由后勤组来完成，完成后再由会务总监来审核，最后传给财务)

16. 预算程序问题；(预算一定要明确流程，按流程走，由会务总监做好下个月的预算(包括成本、会务物品预算)，由财务审核，再由董事

长签字，然后打款）

17. 讲师接待问题；（讲师接待费用，按照统一规定的讲师接待标准执行）

▶ 本章小结

本章主要讲述整体培训会务的系统化操作。培训会议是会议营销的重要表现形式。无论是小沙龙、招商会还是内训会，只要有会场的地方就要有会务。会务操作是否专业规范直接影响整个会议营销的最终效果。会务系统可以理解是从会前、会中、会后的流程设计及在活动关键环节点设置有效的风险管控措施，保证会议目标有效达成而形成的一个有序推进的专业化服务项目。

第 6 章
微商教育培训服务

  微谷是国内一家集教育培训、品牌营销服务、精准推广招商、信息化工具、会务展览、微创电商孵化器、产业基金于一体的微商生态链服务企业。微谷中国是微商发展的推动者和微商规则的制定者。

  2017年，微谷已深度服务了800多个微商品牌，完成线上课程近500场，线下内训近400场。微谷教育业已成为微商品牌教育战略合作的首选机构。

  2018年，微谷将致力于在微商行业完成2000场线上教育，1000场线下培训，帮助服务2000个微商品牌，为行业实现营收超500亿。

6.1 线上教育培训课程

6.1.1 《闪电百万富翁》

《闪电百万富翁》三套共计21天线上课，是一套新人培训体系，进阶体系，讲师体系，招商成交体系。首套课程围绕闪电出货；第二套围绕极速招商；第三套围绕团队管理裂变。帮助实现新手代理快速出货，团队业绩倍增。

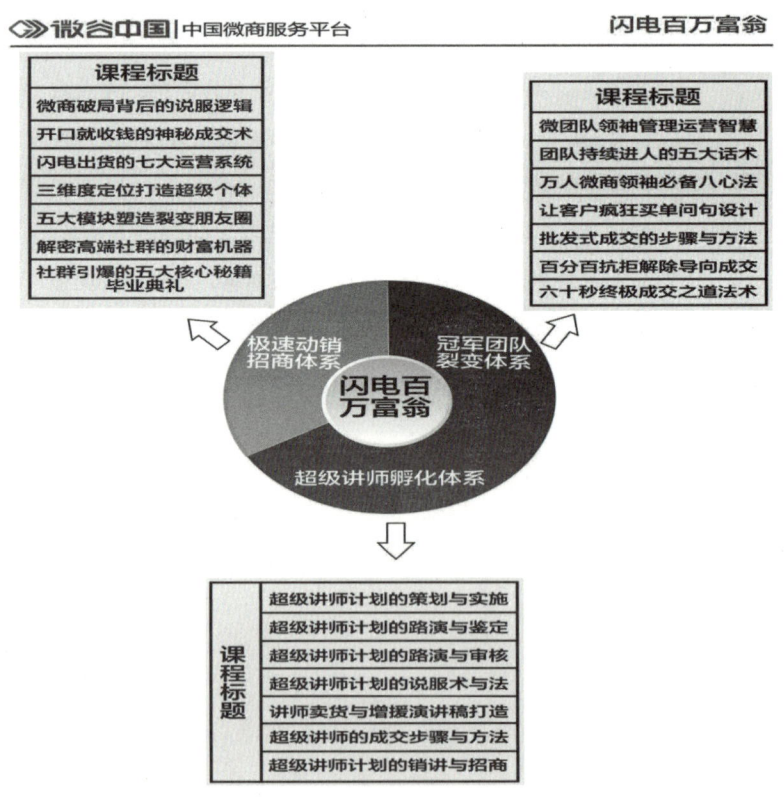

图 6-1　闪电百万富翁体系

6.1.2 《全军营销落地系统》

《全军营销落地系统》三套共计 21 天线上课，用机制、文化、组织架构的管理方式来帮助解决团队动销及裂变，增强团队执行力、凝聚力、感恩力。第一套引流体系课程，第二套服务裂变体系课程，第三套团队管理体系课程。

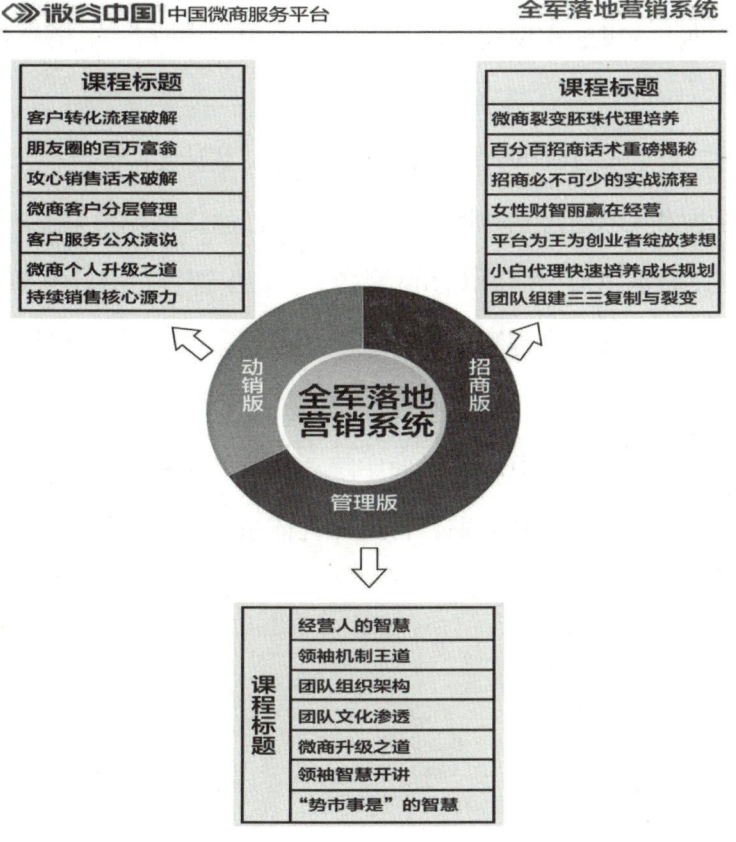

图 6-2　全军营销落地系统

6.1.3 《微商超级个体三十六计》

《微商超级个体三十六计》是一套围绕微谷独创的"0——10000"微商成长架构，由微谷研究院精心研发，专为微商打造的线上必修进阶课程体系——超级个体 36 节课程。分为四套组合课程：

第一套是 0-1（小白入门）课程，共计 7 节：

帮助团队迅速实现新代理全面基础能力的建立，为团队倍增战斗力。

第二套是 1-100（动销／招商）课程，共计 11 节：

帮助团队迅速建立动销和招商能力，打通货物流通渠道。

第三套是 100-1000（团队裂变／管理）课程，共计 9 节：

帮助团队建立内部裂变，管理激励体系，打造千人团队，解决战略发展问题。

第四套是 1000-10000（商学院／培训）课程，共计 9 节：

帮助团队打造讲师体系，打造课程体系，建立属于品牌自己的商学院。

表 6-1　超级个体 36 计进阶课程

超级个体打造必修进阶课程36节			
入门 (0-1)	《微商破局之五大说服术》	初级课程—趋势	适合 新人小白
	《如何高姿态看待微商》	初级课程—趋势	
	《快速卖出产品的五种方法》	初级课程—零售	
	《决定微商成功的五大心态》	初级课程—心态	
	《逆天文案修炼笔记》	初级课程—文案	
	《漏斗理论—加粉背后的秘密》	初级课程—客户关系	
	《朋友圈成交的15个吸引力法则》	初级课程—朋友圈打造	
动销/招商 (1-100)	《雷达矩阵服务系统》	中级课程—客户服务	适合 小团队长
	《一对一成交玄机之道法术》	中级课程—销售成交	
	《线上爆粉的十大秘籍》	中级课程—线上引流	
	《线下地推的六大渠道》	中级课程—线下引流	
	《微商的成功公式》	中级课程—销售成交	
	《线下招代理的六种方法》	中级课程—代理招募	
	《微信群掘金的五大招式》	中级课程—微信群营销	
	《场景造势的高级思维》	中级课程—朋友圈营销	
	《无法抗拒的亲和力和信赖感》	中级课程—客户服务	
	《无懈可击的产品价值塑造》	中级课程—销售成交	
	《团队持续进人的不传秘籍》	中级课程—代理招募	
团队裂变/管理 (100-1000)	《个人精准定位的八个维度》	高级课程—自明星打造	适合 大团队长
	《社群批发式成交的步骤与方法》	高级课程—批发式成交	
	《三步设计万能演说稿》	高级课程—销讲演说	
	《打造不销而销的个人故事》	高级课程—自明星打造	
	《朋友圈的宣传册造势法》	高级课程—朋友圈造势	
	《开口就成交的销讲逻辑》	高级课程—销讲演说	
	《百分百团队复制与裂变方案》	高级课程—团队管理	
	《激发团队斗志的高效策略》	高级课程—团队管理	
	《玩赚线下沙龙全攻略》	高级课程—小沙龙	
商学院/培训 (1000-10000)	《商学院课程体系构建》	特级课程—商学院系统	适合 品牌/团队创始人
	《商学院讲师军团打造》	特级课程—商学院系统	
	《领导心态的预备与沉淀》	特级课程—领导力	
	《留人育人的11条领导法则》	特级课程—领导力	
	《25天开课执行全流程》	特级课程—培训	
	《百团大战邀约千军万马》	特级课程—培训	
	《线下培训会务系统组装术》	特级课程—招商内训	
	《打造招商利器—品牌手册》	特级课程—商学院系统	
	《品牌教育全年节奏规划之道》	特级课程—商学院系统	

6.2 线下培训服务课程

6.2.1 《微商奇迹》

课程名：《微商奇迹》 课程时长：2天1夜

《微商奇迹》是为想要了解微商、进军微商行业，拓宽销售渠道的传统企业主；或是想要自我提升的经销商、学习实操卖货、建团队及团队裂变，想要学习带团队的方法、更好地管理团队、保持团队激情提升团队凝聚力的团队长而开设的主营课。

图 6-3 第十一期微商奇迹现场

你将获得：

1. 价值百万的微商课程知识

①微商品牌起盘、增盘、巩盘的核心关键。

②成功运营微商品牌的五力模型。

③如何建立完善的招商系统,让团队迅速裂变。

④如何建立系统的微商团队培训系统。

⑤国内微商品牌奇迹般的崛起之路。

⑥资本届大佬如何助力微商行业快速发展。

2. 与几位微商行业领袖面对面的交流机会

3. 与上千位微商操盘手、团队长、企业老板、微商代理同行交流学院,资源对接。

图 6-4　第 11 期微商奇迹现场(续)

6.2.2　《微商之光》

《微商之光》是为想要改变,学习演说、提升销讲能力,想从"一分钟到十分钟演说"练就超级销讲能力的营销人员、创业者而设的主营课。

你将获得：

1. 练就无懈可击的自我介绍：由小到大，由少到多，由简单到精炼。

2. 让你从此敢讲、会讲、能讲。

3. 利他的自我介绍，让你立刻建立信赖。

4. 如何快速复制任何能力。

5. 学习演讲式销售能力，可以在任何场合都能游刃有余，获得更多财富。

课程内容：

1. 快速提升任何能力的五大信念

2. 优雅成交的八大信念

3. 精彩一分钟即席演讲设计

4. 超级主持七步标准流程

5. 演讲中五分钟成交的逻辑

图 6-5　第 8 期微商之光现场

6.2.3 《销讲核能量》

课程名程：《销讲核能量》课程时长：3 天 2 夜

为帮助学员"解放天性"，放下包袱和思想负担，释放自我，张开嘴大胆地说！怎样说好一个动人的故事？如何开始一次精彩销讲？所有的疑问在这里都能找到答案。

解决痛点：

1. 你想通过销讲解决团队流失问题，留住代理吗？
2. 你想通过销讲实现业绩及团队人数倍增吗？
3. 你想通过销讲快速吸引合作伙伴吗？
4. 你想通过销讲让代理自动自发，解放自己吗？
5. 你想通过销讲帮助企业包装借势，提高影响力和知名度吗？

图 6-6 销讲核能量现场

你将获得:

1. 深层次影响力法则,让更多人跟着你走、围着你转的终极秘诀!

2. 通过演说创造影响力的终极奥秘,让你任何时候都是影响力中心,让你驰骋商场!

3. 获得顶级人脉,建立、维护、升级人脉库的核心秘诀,让你朋友遍天下!

4. 超强的领袖魅力和领导力!

5. 抓住听众心理,瞬间把更多人带入你的影响力圈并为你痴迷疯狂的核心秘诀!

课程内容:

以"集中式培训+实操训练+现场路演"成交形式为主,课程主要有九个方面:

1. 浴火重生——改变使你成为赢家。

2. 如何通过自我介绍让别人立刻产生一定要结交你的强烈冲动。

3. 团队建设演练,体验团队熔炼真谛。

4. 彻底打开肢体动作,真情释放你的强大潜能。

5. 打开口腔,流畅表达,脱口而出的关键按钮。

6. 心灵舞者,非凡体验,突破自我,激发您的音乐舞蹈潜能。

7. 胆识与口风训练,拿上台演讲当家常便饭。

8. 如何设计完美的演讲稿。

9. 如何破冰,如何设计引人入胜的开场白,如何通过自我介绍建立强大的信赖感，如何组织演讲内容，如何收集演讲素材，如何高潮首场引发新的期待。

图 6-7　销讲核能量现场（续）

6.2.4　《微商领导力——团队复制与裂变》

课程名程：《微商领导力——团队复制与裂变》

课程时长：2 天 1 夜

这是微商界第一个、唯一一个提升团队长综合素质、以人为本，影响人、发现人、留下人、教育人、激励人的重量级课程。徐东遥微商 4 年力作，为你插上飞翔的翅膀！

解决问题：

1. 怎样让团队伙伴更坚定地跟着你走？
2. 团队长应该具备哪些优秀品质？
3. 团队复制与裂变的核心秘诀有哪些？

图 6-8　领导力现场

你将获得：

1. 领导力四要素。

2. 领导力——盖子法则。

3. 领导力——影响力法则。

4. 领导力——舍得法则。

5. 领导力——亲和力法则。

6. 领导力——吸引力法则。

7. 领导力——尊重法则。

6.2.5　《中国微商操盘手》

课程名称：《中国微商操盘手》课程时长：3 天 2 夜

深度打通微商运营地图，3 大板块，5 大系统，6 大风险。聚焦微商生态，以全句话眼光解决微商过去、现在、未来。致力培养顶尖操盘手，打造微商高端私密圈子。由微商行业领头人、中国电子商会微商专委会秘书长凌教头亲授。

图 6-9　第 14 期微商操盘手现场

解决瓶颈：

1.流量很多，流失的人也很多，团队管理不好，不监督就不干活。

2.团队突然陷入危机，不知道怎么处理。

3.营销方式试过很多，业绩还是原地踏步。

4.大量囤货积压，无法真正实现动销。

你将得到：

1.传统企业转型思路。

2.微商蓝图之微商简史、微商定义、微商思维。

3.如何选对微商产品成功起盘。

4.如何设计微商分名分利分天下的微商模式。

5.如何高效运营微商团队。

6.如何全面布局微商招商。

7.如何建立极致便捷的微商系统和服务。

图 6-10　第 15 期微商操盘手现场（续）

6.2.6　《千城裂变（沙龙）》

你将获得：

1. 针对品牌方的沙龙执行方案。

2. 可执行性的业绩拆解方法。

3. 精准引流+线下裂变+升级活动。

4. 统一核心思想、建设团队凝聚力。

5. 企业文化导入、感恩文化。

6. 微商销售实战技巧。

图 6-11　千城裂变沙龙现场

6.2.7 《内训会》系列课程

根据品牌所需求，针对性进行课时打造。

五个目标：

1. 造势：从会前、会中、会后完成朋友圈霸屏宣传造势。

2. 招商：从外部招商向团队内部招商的延伸，教会代理自主招商。

3. 提升：从心态、能力、凝聚力、协作力、团队打造及管理提升。

4. 巩固：从内训当中巩固推荐关系代理之间的信任度和忠诚度。

5. 复制：从分享上提升团队复制的能力。

课程内容：

1. 狼性团队打造。

2. 绝对成交的营销策略。

3. 讲师训（口才训练）。

4. 深心灵潜能的激发。

5. 领导力修炼。

图 6-12　内训会现场

微谷讲师团

图 6-13　微谷讲师团

6.3 在线教育服务平台

2017年12月1日,微谷成功开发了首款适合微商创业者学习成长的平台——微谷APP。旨在帮助小微创业者打破时间与空间的限制,实现随时随地掌上学习和盈利,为微商创业指明了正确的方向。

图 6-14 微商 APP 平台

6.3.1 平台使命

微谷在线平台是以"赋能全球创业者"为使命,以"打造超级个体"为战略目标,打造名师在线课堂。平台已经有超过100名的行业专家,100名行业顶级老师。

微谷 APP 小微创业者平台不同于其他教育培训学习平台,其课程形式包含视频、音频、PPT、文档等多种形式,适用于传统企业主、宝妈、大学毕业生、自由职业者、海外代购、农特微商、残疾人、退伍军人等各类人群。平台课程深度更是涉猎微商、传统企业、互联网行业等领域。微谷 APP 不但覆盖范围广,课程内容非常人性化,满足用户多样化需求。

图 6-15　微商 APP 平台(续)

所谓赋能,就是把微谷所拥有的智力资源贡献出来,给创业者提供新鲜的能量和血液,这是微谷目前所坚持的事情,也是今后相当长一段时间内必须坚持的事情。微谷希望通过这样的方式,为更多创业者提供优质的服务,努力成为全球最大的微商服务平台,实现两年内用户突破 1000 万的成绩,同时把微谷的"梦想、创新、分享"这三大核心价值观输送给创业者,通过他们带动国家的创业氛围,让双创的观念深入每一个中国人的心中。

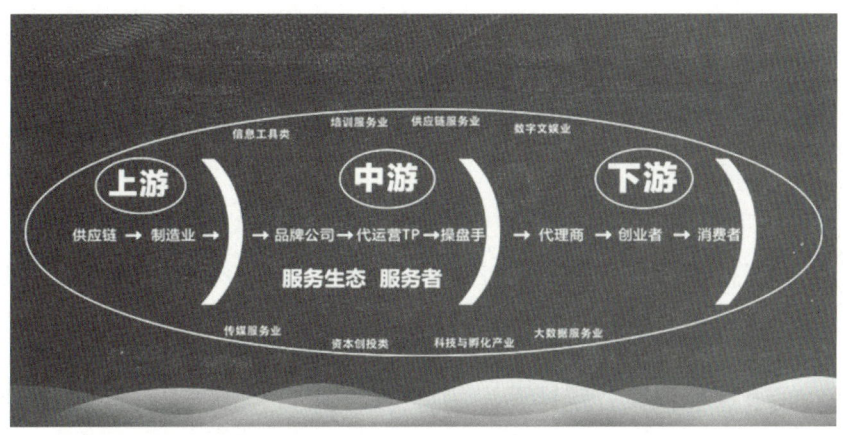

图 6-16 微商服务生态链

6.3.2 板块规划

微谷平台下设四大板块:"精选公开课""会员专享""知识付费""线下课程"。

图 6-17 微商 APP 平台首页界面

精选公开课：首次全面公示历届行业大会上权威知名人士的演讲视频，方便对行业趋势和商业走向有更深刻的认知。

会员专享：所有微谷系讲师在0—10000教育体系大框架下的匹配课程。10分钟一小节，打通所有知识点脉络。

知识付费：行业内多元化课程的引入，丰富微商人整体知识面架构，让学习变得更有趣，见解更独到。

线下课程：微谷定期开设最具行业影响力、最实操落地的线下课程，精彩瞬间短片集锦，同时开设报名通道，方便直接线上报名。

图 6-18　微商 APP 板块分类

同时，平台为所有用户定制学习计划，匹配"我的学习"和"适合我的"课程，让学习针对性更强，帮助每个人打造学习进阶。

图 6-19　微商 AP 用户定制学习计划

随后，平台还会为微商用户增设专题栏，定期探讨时下最热门的微商焦点，帮助微商人拓宽思维，放大眼界。

图 6-20　微商 APP 平台增设专栏

6.3.3　内容分类

微谷平台内容分为三大类："微商课堂""微商工具"和"操盘学习"。

图 6-21　微商 APP 平台内容分类

微商课堂：从微商小白入门心态课、朋友圈形象打造等课程，到小团队长代理招募、朋友圈营销等课程，再到大团队长沙龙课、团队管理等课程的进阶学习。

微商工具：从微商制作PPT课件、职场报告等办公工具，到百群同步、海报设计等营销手段，再到视频拍摄、朋友圈电影院打造等工具的技术学习应用。

操盘学习：从微商的供应链打造、品牌塑造到新媒体运营等操盘线上课程学习，培养微商在选品起盘是的品牌塑造与媒体运营等思维能力。同时，再结合线下专题《中国微商操盘手》的实战演练，最终打造中国微商超强操盘手。

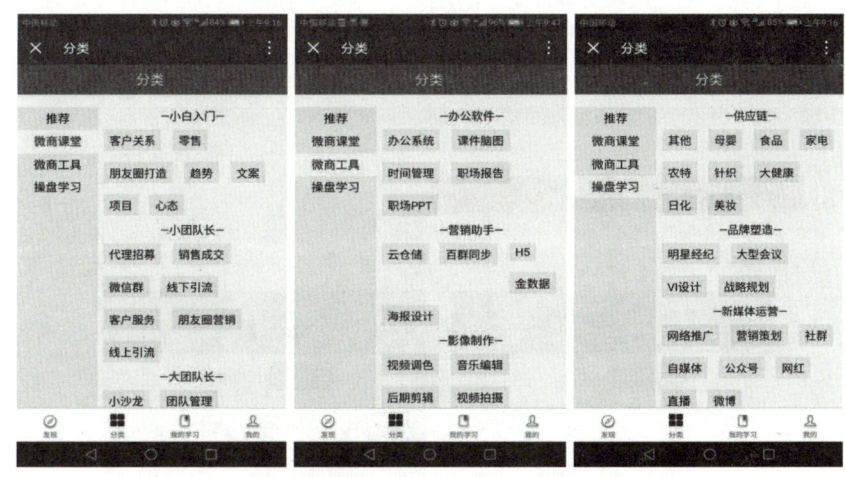

图6-22　微商APP平台内容分类（续）

6.3.4　内容输出

平台在线课程以10分钟左右为一小节，分为视频类课程，音频+PPT演示课程、纯音频课程等多样形式。所有课程均配备PPT及文档课件。在线课程全方位展现了从微商小白到微商大咖的心路历程及实战经验的传授。同时也因为增设了知识付费和专题板块，而让学习妙趣横生。

视频类课程：与名师面对面，高清视频格式输出，让课程授课更直观，更形象。

音频类课程：专业主持人配音，课程内容标准化，伴随式学习更轻松。

PPT 输出：PPT 输出会从课程价值、落地方案、实操流程、实操案例几个方面入手，让所有微商从业者可自行下载，做课件复制。

文档输出：视频类课程会输出老师串讲字幕稿，纯音频类课程会输出标准课件逐字稿。

例 课程展现形式

图 6-23

例 内容输出

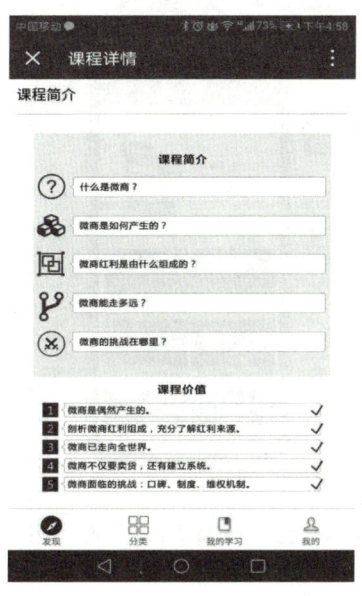

图 6-24

6.3.5 运营推广

微谷 APP 不仅仅是一个教育学习平台,还是一个人与人之间沟通和相处的桥梁。通过微谷 APP 能给广大艰苦创业的人提供了一个新的渠道。

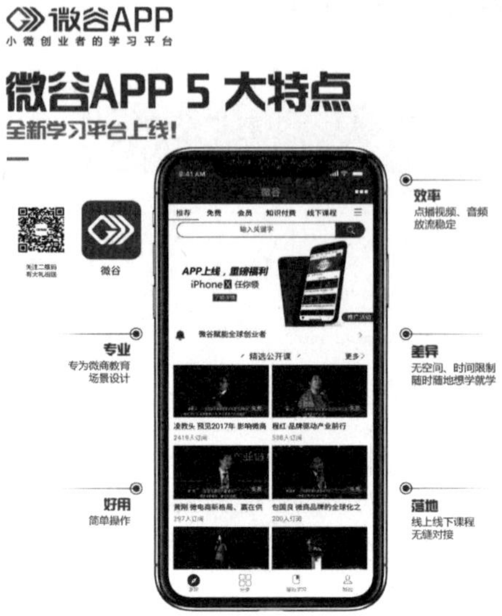

图 6-25 微商 APP 平台运营推广

除此之外，通过推广好友注册 APP，还可以获得相应的积分及佣金奖励，在学习的同时快速地实现知识变现。

微谷平台是一款APP，也是一个全球创业者的终身学习的工具、一个微商从业人员高效学习的工具；还是一个有效利用碎片化时间的解决方案，帮助全球创业用户节省时间、认知升级。

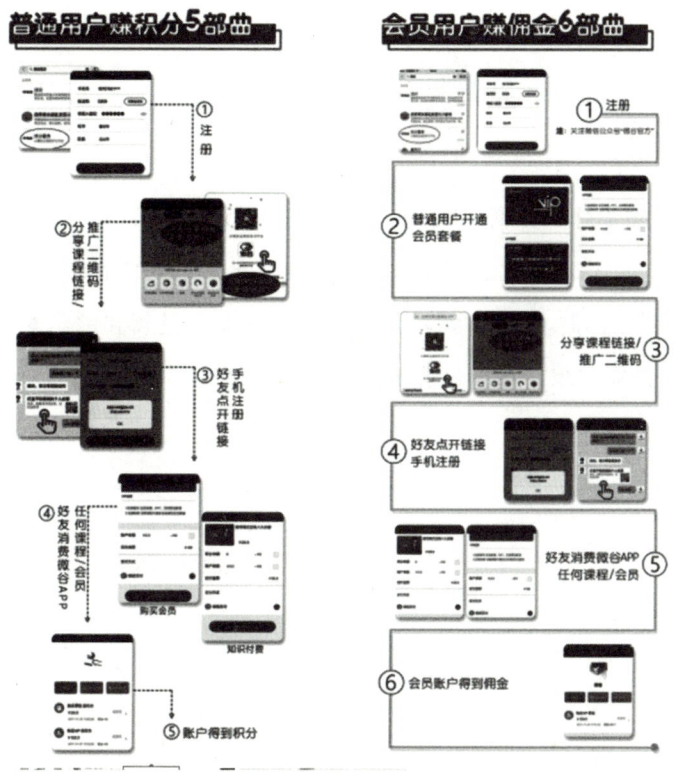

图 6-26 微商 APP 注册及赚佣金流程

>> **本章小结**

本章以微谷在微商行业服务领域多年来帮助微商品牌方构建教育培训体系，开设改变中国微商行业命运的系列课程为主线，概括说明了"微商要发展，教育要先行"。微谷将致力于构建微商品牌商学院"线上与线下相结合"的教育培训服务生态系统。

结束语

商学院是什么？商学院是一本商业宝典，是一个培训系统，也是一个教育平台。课程在这里研发，培训在这里开展，讲师在这里演说，代理在这里成长，品牌在这里传播。商学院就像一棵智慧树在滋养着微商品牌，在呵护着微商代理，在净化着微商这片创业热土。